LE COCU.

PAR

CH. PAUL DE KOCK.

L'époux en permettra la lecture à sa femme.

𝔗ome 𝔔uatrième.

PARIS,
GUSTAVE BARBA, ÉDITEUR,
PROPRIÉTAIRE DES OEUVRES DE PIGAULT-LEBRUN ET DE PAUL DE KOCK;
RUE MAZARINE, N° 34, FB. S.-G.
1831.

LE COCU.

IV.

PARIS. — IMPRIMERIE DE COSSON,
Rue Saint-Germain-des-Prés, n° 9.

LE COCU.

CHAPITRE PREMIER.

LE MONT-D'OR.

Deux années se sont écoulées depuis que j'ai quitté Paris. Accompagné de mon fidèle Pétermann, j'ai parcouru l'Espagne; le souvenir de Gil-Blas m'en rendait le séjour plus gai; je le cherchais dans les hôtelleries, dans les promenades; et plus d'une fois, en voyant un mendiant jeter son chapeau devant moi, j'ai regardé s'il ne me couchait pas en joue avec une escopette. Les maritornes, les muletiers, m'ont aussi rappelé Don Quichotte et son facétieux écuyer; j'aurais voulu les rencontrer chevauchant et cherchant des aventures. Honneur aux poëtes qui peignent si bien leur héros qu'on se persuade que ces personnages ont existé! Gil-Blas, Don Quichotte, ne sont que des êtres imaginaires, et pourtant quelquefois nous croyons les reconnaître; nous les cherchons dans le pays où l'auteur les a placés. Elles sont donc bien vraies ces pages du romancier, puisque nous leur donnons la vie, et qu'elles se gravent dans notre mémoire. Quant à moi, je sais qu'il me serait impossible d'aller dans les montagnes d'Ecosse, sans me rappeler *Rob-Roy;* à l'Ile de France, sans parler de *Paul et Virginie*, et en Italie, sans penser à *Corinne*.

J'ai traversé les Pyrénées; mais l'idée me vient de voir la Suisse, et nous nous éloignons de nouveau de la France. Ma mélancolie est dissipée, je ne suis plus silencieux et morose comme lorsque je partis: aussi Pétermann a repris l'habitude de chanter. Nous avons voyagé quelque temps à cheval; puis j'ai vendu nos coursiers, et nous avons parcouru à pied une partie de l'Andalousie; ensuite des voitures publiques, ou des occasions de chaises de poste nous ont transportés en d'autres lieux. C'est en variant ainsi nos courses vagabondes que j'ai triomphé du mal qui me minait; et ce n'était pas chose facile. Cependant il y a toujours quelque chose d'amer dans mon sourire, et je crois que c'est une expression dont je ne pourrai me défaire.

Dans les différens pays que j'ai parcourus, j'ai vu bien des époux qui étaient ce que je suis, et qui ne s'en inquiétaient guère. Quelques-uns, jaloux par amour-propre, avaient des maîtresses et tyrannisaient leur femme; d'autres, en feignant d'être philosophes, traitaient fort mal, chez eux, l'épouse à laquelle dans le monde ils semblaient accorder entière liberté. Beaucoup fermaient les yeux, et le plus grand nombre se croyait trop fin pour être trompé. Mais j'en ai vu bien peu aimant véritablement leur femme, et méritant par leurs soins et leur conduite que ces dames leur fussent fidèles.

J'ai formé quelques intrigues galantes; mais je n'ai pas donné mon cœur. Je ne le crois plus susceptible d'éprouver de l'amour; il a été trop cruellement déchiré!... C'est un malade que je promène avec moi; il est faible encore, et il craint les fortes émotions.

Pétermann ne pense guère aux femmes, j'en suis bien aise pour lui. Mais il n'oublie pas la permission que je lui ai donnée; il se grise complètement une fois tous les mois. Les autres jours il boit raisonnablement. Je n'ai pas eu à me plaindre de lui depuis qu'il m'est attaché. Son caractère est égal et gai; il chante quand il me voit de bonne humeur; il se tait quand je suis soucieux. Du reste, jamais une question, jamais un mot indiscret; il ne m'a pas une seule fois parlé d'Aubonne, où il m'a vu escalader un mur. J'ai tout lieu de penser qu'il me croit garçon.

Pendant la première année de mon absence, j'ai reçu assez fréquemment des lettres d'Ernest, auquel j'écrivais dès que je séjournais dans une ville. Fidèle à la promesse qu'il m'a faite, il s'est abstenu de me parler de celle que j'espère entièrement oublier. Il m'a donné des nouvelles de ma fille et du petit Eugène. Il m'a écrit que mon Henriette était toujours charmante; il l'a vue plusieurs fois... A-t-il pour cela été chez sa mère? c'est ce que j'ignore. Ah! qu'il me tarde de revoir ma fille, de l'embrasser! C'est pour elle que je vais retourner à Paris; je la presserai dans mes bras, puis je me remettrai en voyage; j'aurai pris du bonheur pour quelque temps. Quant à mon... quant au petit Eugène, je ne puis penser à cet enfant sans que toutes mes peines se renouvellent... J'aurais eu tant de plaisir à aimer mon fils, à partager ma tendresse entre sa sœur et lui ! et ce bonheur, je ne le goûterai jamais !... Pauvre Eugène ! quel triste avenir pour lui !

Les dernières lettres que j'ai reçues d'Ernest m'ont semblé différentes des autres. Le style n'est plus le même, j'y trouve de la gêne, des réticences. Dans la dernière missive j'ai remarqué cette phrase : « On a bien changé ici depuis » quelque temps, mon ami ; vous ne re- » connaîtriez plus la personne que vous » avez fuie... Je n'ose vous en dire plus, » de crainte d'être grondé pour avoir » manqué à ma promesse. Mais ne tar- » dez pas à revenir, mon cher Henri ;

» vos enfans ont besoin de vous revoir,
» et vos amis de vous embrasser. »

Mes enfans... Il s'obstine à dire mes enfans... Ah! je n'en ai qu'un, un seul. Quant au changement dont il me parle, que m'importe!... Voudrait-il m'intéresser à cette femme? Oh! non, je ne le crois pas. Je ne lui ai pas répondu un mot à ce sujet.

Avant de revenir à Paris, je suis bien aise de voir l'Auvergne, ce pays pittoresque et montagneux, l'Ecosse de la France, que les Français amateurs de rochers, de glaciers et de précipices, visiteraient davantage, s'ils ne l'avaient pas près d'eux; nous n'admirons que ce qui est loin de nous; nous n'aspirons qu'à voir la Suisse et l'Italie, et nous ne pensons pas à l'Auvergne, à la Bretagne à la Touraine!...

J'ai vu Talende aux belles eaux, la Roche blanche, le Puy-de-Dôme. Quelquefois, charmé d'un beau site, je me tourne vers Pétermann, et lui dit :

« — Comment trouvez-vous cela ? » Mais Pétermann n'est pas peintre ; je ne vois aucun enthousiasme sur sa figure. Il secoue la tête, et répond froidement :

« C'est gentil !... mais prout ! ça ne » vaut pas les vues de Munich. »

C'est que Munich est sa patrie : A la bonne heure, voilà au moins un homme qui fait les honneurs de son pays.

Comme nous passons près du Mont-d'Or, je veux aller en goutter les eaux, et voir la petite ville où se rendent les malades, les curieux, et le plus souvent les gens qui ne savent que faire de leur temps.

Je m'arrête dans le plus bel hôtel de

l'endroit. J'y trouve nombreuse société; des étrangers, surtout des Anglais, mais j'y rencontre aussi beaucoup de Français, et notamment de ces chevaliers d'industrie, gens à belles manières que l'on voit à Paris dans les *Routs*, dans les grandes soirées, et qui ne viennent au Mont-d'Or que pour jouer; car on joue beaucoup dans les villes où l'on prend les eaux. Et tel voyageur arrive en bel équipage, avec valets en livrée, qui s'en retourne souvent à pied et sans suite pour avoir cédé à la passion du jeu.

Je ne joue pas; mais on se réunit aussi pour danser et faire de la musique. La musique ne me plaît plus, le son d'un piano me fait mal. Je ne danse pas; il faut donc que je cherche dans la conversation à m'occuper un peu. Parmi les voyageurs avec lesquels je me trouve chaque jour, je n'ai pu m'empêcher de remarquer une Parisienne, qui peut avoir vingt-cinq ans. Elle est jolie, elle le sait trop peut-être ; pourtant il y a dans sa coquetterie quelque chose de franc, d'aimable, qui semble dire : Je suis coquette, je ne puis pas m'en empêcher, il faut excuser mes défauts et me prendre telle que je suis, car je ne changerai pas...

Elle se nomme Caroline Derbin. D'abord je l'ai crue mariée ou veuve, car à ses manières, à son ton décidé, je ne devinais pas une demoiselle; elle l'est cependant encore : on la dit riche, et déjà maîtresse de son bien. Riche, jolie et encore demoiselle ; il est probable que c'est par sa volonté.

Elle est ici avec son oncle, qui s'appelle M. Roquencourt; c'est un petit homme sec et maigre qui approche de la soixantaine, mais qui est vif et gai. Ses petits yeux brillent encore quand il lorgne une dame. Il a bon ton, il est galant et empressé près du beau sexe. Un peu bavard; mais il faut bien laisser la parole à ceux qui n'ont plus que cela. Du reste, aux petits soins pour sa nièce, dont il fait toutes les volontés.

Si Caroline est coquette; si elle cherche à plaire, du moins elle n'a ni la maussaderie, ni les vapeurs d'une petite maîtresse. Avec elle on fait vite connaissance, et on est bientôt comme avec une ancienne amie. Ce laisser-aller prouve-t-il en faveur de sa vertu, de ses principes?... c'est ce que je ne déciderai pas. Je ne jugerai plus sur les apparences. Que me fait à moi sa coquetterie ou son inconséquence? Je n'en veux faire ni ma femme, ni ma maîtresse!... Sa société me plaît et m'amuse, cela me suffit.

M. Roquencourt aime à causer; je sais écouter : talent ou patience qui est plus rare qu'on ne pense. Je suis bientôt son homme de prédilection.

« M. Dalbreuse, » me dit-il le quatrième jour de mon arrivée au Mont-d'Or, « figurez-vous que je ne pensais
» pas du tout à venir prendre les eaux...
» D'abord, je ne suis pas malade, moi;
» mais l'idée est venue à ma nièce de voir
» le Mont-d'Or, et crac! il a fallu partir!...
» Je me souviens qu'il y a trente-cinq
» ans je me trouvai aux eaux de Plom-
» bières avec le fameux Lekain... Avez-
» vous connu Lekain ? — Non, mon-
» sieur. — C'est juste, vous êtes trop
» jeune. Eh bien! monsieur, j'ai pour-

» tant joué devant Lekain le Crispin des
» *Folies amoureuses*... — Ah! vous avez
» joué la comédie... — Par goût... entre
» amateurs. Oh! j'ai été fou de la comé-
» die!... J'avais une garde-robe com-
» plète... J'ai encore plusieurs de mes
» costumes à Paris; je jouais la grande
» livrée!.... — Et mademoiselle votre
» nièce?..—Ma nièce!.. non, elle prétend
» qu'elle serait mauvaise. Je jouai donc
» devant Lekain: c'était une partie qu'on
» avait formée à la hâte dans la maison
» de campagne d'un fournisseur. Nous
» avions, ma foi, un joli théâtre, et ma-
» demoiselle Contat y était, et joua avec
» nous. Avez-vous connu mademoi-
» selle Contat? — Non, monsieur. —
» Ah! monsieur!... vous n'avez rien
» vu!... Quel talent!... quelle âme!... et
» quelle figure!... Un jour... je ne sais

» plus dans quelle pièce... attendez, je
» crois que c'était dans *Tartufe!*.......
» Non, ce n'était pas Tartufe... »

La nièce de M. Roquencourt s'approche de nous en ce moment, ce dont je ne suis nullement fâché. Elle prend le bras de son oncle, en lui disant :

« Voilà l'heure de la promenade; le
» temps est superbe. Venez, mon on-
» cle, vous causerez comédie une autre
» fois. Venez-vous avec nous, M. Dal-
» breuse?... »

Elle me dit cela comme si nous nous connaissions depuis long-temps. J'avoue que j'aime ces manières; je me suis toujours laissé prendre à ce qui ressemblait à la candeur, à la franchise; aujourd'hui, d'ailleurs, peu m'importe si je me trompe!

J'accompagne M. Roquencourt et sa

nièce. Une jolie calèche les attend en bas. Je remarque que les voyageurs, en saluant la jolie Caroline, me regardent d'un œil d'envie quand je me place devant elle dans la voiture. Je conçois qu'une femme charmante, de vingt-cinq ans, et qui a une calèche, doit faire partout de nombreuses conquêtes. Les uns sont amoureux de la femme, les autres de la voiture. Mais moi qui ne convoite ni l'une ni l'autre, je m'assieds avec le plus grand calme près de mademoiselle Derbin, et jouis fort à mon aise de la promenade, parce que je ne suis pas occupé à faire les yeux doux à mon vis-à-vis.

Mademoiselle Derbin admire quelquefois le paysage; puis tout à coup elle se met à rire de la toilette d'une buveuse d'eau qui passe près de nous.

Tout en riant de ses observations, je parais écouter avec attention l'oncle qui me conte maintenant l'effet qu'il a produit en jouant Mascarille devant Molé.

La promenade me semble courte. Nous revenons à l'hôtel; et le soir nous nous retrouvons à la salle des réunions. Je m'amuse à observer mademoiselle Derbin. Dans le monde elle est plus coquette, et par conséquent moins aimable qu'en petit comité. Comme je ne lui fais pas la cour, je m'éloigne discrètement lorsque je vois plusieurs de ses adorateurs venir de son côté. Aussi, par cette bizarrerie, assez commune chez les femmes, c'est mademoiselle Derbin qui semble me chercher, et qui souvent vient se placer près de moi.

» — Vous ne dansez donc pas? » me dit-elle vers la fin de la soirée.

« — Non. Je n'aime plus la danse. — » Et vous ne jouez pas? — On joue très » gros jeu ici. J'ai une fortune qui me » suffit ; je ne veux pas la compromettre » avec des gens qui trouveraient tout » simple de m'en dépouiller. — Vous » êtes un sage! — Oh! non... — Cepen- » dant vous n'avez pas d'intrigues ici? » — Vous pensez donc qu'on doit absolu- » ment avoir des intrigues quand on » vient aux eaux ? — Je ne dis pas cela... » mais je crois que vous êtes un homme » original. — Original... Non, je vous » assure qu'il y en a beaucoup comme » moi, au contraire. »

Elle me quitte en me regardant d'une façon singulière ; voudrait-elle me ranger parmi ses nombreuses conquêtes?... C'est possible : ce qu'elle vient de me dire pourrait me donner de tristes idées de sa sagesse. Une demoiselle qui trouve singulier que vous n'ayez pas d'intrigues... et pourtant j'aime mieux croire que cela tient à son originalité.

Voilà quinze jours que je suis au Mont-d'Or, et je comptais n'y passer qu'une semaine. Mais je m'y amuse : la société y est agréable; cependant si Caroline et son oncle n'y étaient plus je partirais : je m'habitue à être avec eux. Ici, on n'a rien à faire qu'à se voir. Aussi nous sommes ensemble presque toute la journée. Je ne fais pas la cour à Caroline, mais elle est bien jolie !... ses yeux noirs ont tour à tour une expression de douceur et de malice... quoiqu'on ne soit pas amoureux, il y a toujours un charme attaché à la présence d'une jolie femme... c'est probablement ce charme-là qui me retient.

Il n'y a pas tous les jours bal ou concert à la salle des réunions, alors nous restons à l'hôtel ; les voyageurs qui se conviennent se réunissent le soir. Les uns jouent, le plus grand nombre cause. Nous avons quelques personnages titrés, ce ne sont pas les plus aimables ; mais nous les laissons s'ennuyer dans leur coin, et nous jasons avec l'artiste spirituel, qui a toujours en réserve une foule d'anecdotes plaisantes ; ou avec l'homme à bonnes fortunes, qui nous raconte ses dernières aventures. Dans ce cercle, M. Roquencourt n'est pas un de ceux qui parlent le moins. Cite-t-on une ville, il y a joué la comédie ; parle-t-on d'un personnage célèbre, il a connu un acteur qui le contrefaisait parfaitement, et ui-même nous en donne un échantillon.

J'aime à écouter; mais je parle peu, et dans le peu que je dis il n'est jamais question de moi. Caroline, qui avec son air léger et coquet remarque et observe fort bien tout ce qui se passe dans un salon, me dit un jour :

« Monsieur Dalbreuse, tout le monde
» ici conte ses aventures : vous seul jus-
» qu'à présent avez gardé le silence;
» pourquoi cela ? — C'est qu'apparem-
» ment je n'ai pas d'aventures à conter,
» mademoiselle. — Ou que vous ne vou-
» lez pas nous les dire. Au reste, vous
» êtes le maître. Moi, je dis tout ce qui
» me regarde, parce que jusqu'à présent
» je n'ai eu aucun secret à garder. Je suis
» orpheline, mon père, qui était four-
» nisseur aux armées, m'a laissé vingt-
» cinq mille francs de rentes. Je demeure

» avec M. Roquencourt, mon tuteur et
» mon oncle maternel, qui me laisse faire
» toutes mes volontés, parce qu'il sait
» que depuis mon enfance je suis accou-
» tumée à cela. Voilà toute mon histoire,
» et vous me connaissez à présent comme
» si nous avions été élevés ensemble. »

Elle pense peut-être que sa confiance provoquera la mienne; je me contente de lui répondre : « Par quel hasard, ri-
» che et jolie comme vous l'êtes, n'êtes-
» vous pas encore mariée ?

» — Ah! j'étais certaine que vous me
» feriez cette question!... on me l'a faite
» si souvent. Eh! mon Dieu! monsieur,
» est-ce donc si pressé d'être mariée, et
» sous la dépendance d'un homme qui
» peut-être ne me laisserait plus faire
» toutes mes volontés? Je suis si heureuse
» avec mon oncle! il est si bon! surtout

» quand il ne parle pas de ses Crispin et
» de ses Lafleur. En vérité, je tremble de
» perdre ma liberté; et puis, tenez, je le
» dis franchement, je n'ai encore trouvé
» aucun homme qui méritât que je lui
» fisse tant de sacrifices.

» Vous êtes heureuse, mademoiselle,
» ah! vous avez bien raison de rester
» ainsi; croyez-moi, ne hasardez pas le
» repos de toute votre vie en vous liant
» à quelqu'un dont vous croirez être ai-
» mée, et qui vous trahira lâchement...
» non; ne vous mariez pas. »

Caroline me regarde avec surprise, elle garde quelques momens le silence, puis elle se met à rire, en disant : «Vous
» êtes le premier qui me teniez ce lan-
» gage; j'avais raison de penser que vous
» ne ressembliez pas à tout le monde.»

Le lendemain de cette conversation,

après avoir écouté en riant beaucoup les galanteries de plusieurs jeunes gens, mademoiselle Derbin vient, comme c'est assez sa coutume, s'asseoir près de la croisée de laquelle je contemple la vue qui s'étend devant nous.

« Toujours en admiration devant ces
» montagnes, n'est-ce pas, monsieur ? —
» Oui, mademoiselle ; je trouve ce pays
» fort curieux. — Est-ce que vous êtes
» peintre, monsieur ? — Non, mademoi-
» selle : je peins cependant, mais en
» simple amateur. — Ah! vous peignez...
» quel genre ? — La miniature. — Vous
» faites des portraits ? — Je m'y suis es-
» sayé quelquefois. — Ah! que vous se-
» riez aimable de faire le mien! Ici on a
» bien du temps à soi. Je vous donnerai
» séance aussi souvent que vous voudrez.
» On m'a peinte bien des fois, mais ja-

» mais je ne me suis trouvée ressem-
» blante. Voulez-vous, monsieur Dal-
» breuse ? »

Comment refuser une jolie femme qui vous adresse une prière en fixant sur vous des yeux charmans? D'ailleurs je n'ai aucun motif pour lui refuser ce qu'elle me demande.

« Je ferai votre portrait, mademoi-
» selle, mais je ne me flatte pas d'être plus
» heureux que ceux qui l'ont fait déjà. —
» Oh! peut-être; d'ailleurs, qu'importe?
» cela nous amusera, cela nous occupera
» toujours. Quand commencerons-nous ?
» — Quand vous voudrez. — Tout de
» suite alors, nous prendrons séance chez
» mon oncle : mais il faut sans doute que
» je me fasse coiffer d'abord? — Non, je
» veux vous peindre telle que vous êtes
» habituellement, et non pas en costume

» de bal ; vous ne ferez aucune toilette.
» — Comme vous voudrez. — Je vais
» chercher ma boîte à couleurs. — Et
» moi je vais dire cela à mon oncle. Ah!
» vous êtes bien aimable. »

En rentrant chez moi, je trouve Pétermann qui fredonne un rondeau tout en brossant mes habits, auxquels il a toujours soin de regarder s'il ne manque aucun bouton, et si les poches ne sont pas percées, parce qu'alors il répare le dommage.

« Monsieur va peindre ? — Oui, Péter-
» mann ; et je crois que nous resterons
» encore quelques jours ici... vous ne
» vous y ennuyez pas, je pense ? — Non
» monsieur; je ne m'ennuie nulle part,
» moi: d'ailleurs le vin est bon ici. A
» propos, monsieur, à quel quantième
» sommes-nous du mois ? — Au dix-sept.

—Ah! nous ne sommes qu'au dix-sept !
» diable! il est long, ce mois-ci!... »

Je devine pourquoi il me fait cette question et je lui dis : « — Puisque vous
» trouvez le vin bon ici, comme je m'y
» amuse et qu'il est juste que vous en
» fassiez autant, agissez comme si le mois
» était fini. — Oh! non, monsieur, ce
» qui est convenu est sacré. Depuis que
» je suis avec vous, j'apprends à me res-
» pecter, et si je me grise encore une
» fois le mois, c'est que je serais malade
» si je cessais entièrement de ribotter.
» Mais c'est égal; si le vin est bon ici,
» les femmes y sont terriblement cu-
» rieuses!... Ah! prout!...

» — Les femmes sont curieuses ici.....
» Comment savez-vous cela, Pétermann?
» — Parce que depuis quelques jours on
» ne fait que tourner autour de moi

» pour tâcher de me faire jaser... — Qui
» donc? — D'abord c'était l'hôtesse... les
» servantes; mais comme on a vu que
» ça ne prenait pas, il y a une jolie dame
» qui est venue elle-même, comme par
» hasard... — Une dame qui demeure
» dans cet hôtel? — Oui... celle qui a un
» petit oncle qui parle toujours. — Ma-
» demoiselle Derbin ? — Justement. —
» Que vous a-t-elle demandé ? — Elle
» avait l'air de passer dans la cour où
» j'étais; elle me dit d'abord : C'est vous
» qui êtes au service de M. Dalbreuse?
» Oui, mademoiselle. — Il fallait dire,
» Pétermann, que vous étiez avec moi,
» mais non pas comme mon domestique.
» — Pourquoi donc cela, monsieur? Je
» me trouve heureux de vous apparte-
» nir; et comme il faut toujours qu'il y
» en ait un qui fasse la volonté de l'autre,

» il est juste que vous me commandiez :
» donc vous êtes le maître. — Enfin, Pé-
» termann? — Enfin cette demoiselle ou
» cette dame reprit : « Y a-t-il long-
» temps que vous êtes avec M. Dalbreu-
» se? Deux ans environ. Il a l'air bien
» doux, M. Dalbreuse? Il n'est pas
» méchant, mademoiselle. Et que fait-
» il à Paris...? » Moi, ça commençait à
» m'ennuyer toutes ces questions-là, et
» je lui répondis un peu sèchement : Il
» fait ce qu'il veut, mademoiselle ; ça
» m'est fort égal. Sur ce coup-là, elle
» s'éloigna. Mais elle revint en sautillant,
» et en voulant me glisser une pièce d'or
» dans la main, elle me dit presque à l'o-
» reille : Il est garçon, n'est-ce pas?.....
» Moi, je ne pris pas la pièce d'or et je
» la saluai en disant : Oui, mademoiselle,
» il est garçon. Alors elle se mit à rire et

« s'éloigna en s'écriant : Le valet est pres-
» que aussi original que le maître. Par
» exemple, si celle-là n'est pas curieuse
» je ne m'y connais pas. »

Mademoiselle Derbin veut absolument savoir qui je suis, quel est mon rang, ma position dans le monde. Le silence que je garde l'a piquée. Mais avoir été jusqu'à demander si je suis marié... c'est assez singulier. Pétermann me croit garçon. Je n'ai jamais rien dit devant lui qui pût faire deviner que j'ai cessé de l'être. Qu'importe à cette demoiselle que je sois marié ou non? Aurait-elle quelque penchant pour moi? je ne puis le croire; je ne lui ai jamais dit un mot d'amour. Ce serait donc un caprice de coquette qui veut tout soumettre à son empire. Elle ne me connaît que depuis quinze jours... Il me semble d'ailleurs que je ne dois plus inspirer d'amour, qu'on ne peut plus m'aimer.

Je me dis tout cela en examinant ma boite à couleurs. Mais cela ne doit pas m'empêcher de me rendre près de mademoiselle Derbin, car elle m'attend; et lors même que je lui plairais, ce ne serait pas une raison pour la fuir. Il faut laisser ces beaux traits-là aux patriarches de la Genèse que nous ne sommes nullement tentés d'imiter.

On m'attend. L'oncle est là; il me félicite sur mon talent et me remercie de ma complaisance. Caroline est fort en peine de la pose qu'elle doit prendre. Je la prie de se tenir comme si je ne faisais pas son portrait, pour que la pose n'ait rien d'affecté, et je me mets à l'ouvrage.

Mon modèle est très-docile; il me régarde et me sourit avec beaucoup de complaisance. L'oncle se promène dans la chambre, et nous dit bientôt :

« Cela fera un fort joli portrait. Mon-
» sieur, on m'a peint dans le costume de
» Scapin... C'était un artiste de beaucoup
» de talent. Je ne me souviens plus de
» son nom... il me reviendra tout à
» l'heure. Il se trouvait à Bordeaux, chez
» madame la comtesse de Vernac, qui
» recevait chez elle les premiers artistes
» de Paris!... Molé, Saint-Phal, Fleury,
» Dugazon... C'est même chez elle que
» je fis la connaissance de Dugazon....
» Oh! le farceur!... aussi comique en so-
» ciété qu'à la scène... Vous avez vu
» jouer Dugazon? — Ma foi, monsieur,
» je crois que oui; mais j'étais si jeune
» que je m'en souviens à peine. Made-
» moiselle, la tête un peu moins baissée,

» s'il vous plaît... — Pour en revenir à
» mon portrait, cet artiste me trouva si
» drôle dans les *Fourberies de Scapin*,
» j'avais une tête si plaisante lorsque je
» sortis du sac..... Vous connaissez les
» *Fourberies de Scapin ?* — Oui, mon-
» sieur. — Ah! mon oncle, comment
» pouvez-vous faire de telles questions à
» monsieur?..... s'il connaît Molière !!...
» Vous feriez bien mieux de regarder si
» cela me ressemble déjà. — Est-ce que
» tu es folle, ma chère amie? Tu veux
» que cela ressemble au bout d'un quart
» d'heure!... On fit donc mon portrait
» en Scapin, et très-ressemblant. Ce n'é-
» tait pourtant pas mon rôle de prédi-
» lection ; mon triomphe, c'était le Pas-
» quin du *Dissipateur.* J'ai fait pleurer,
» monsieur ; oui, pleurer, en disant : *le*
» *peu que je possède!...* Il y a beaucoup

» de manières de dire cela. Je l'avais en-
» tendu dire à Dugazon; eh bien, mon-
» sieur, je le pris tout autrement que
» lui : *le peu que je possède !..* il y en a
» qui déclament cela; Dugazon le décla-
» mait, moi je soutiens qu'il ne faut y
» mettre que de la vérité et de l'âme :
» *le peu que je possède !..* et je voyais des
» larmes rouler dans tous les yeux !.. *le*
» *peu que...* — Ah ! mon oncle, de grâce !..
» est-ce que vous voulez nous faire pleu-
» rer aussi?.. Vous donnez des distrac-
» tions à monsieur, vous serez cause que
» mon portrait ne ressemblera pas. —
» Monsieur votre oncle peut parler, ma-
» demoiselle; je vous assure que cela ne
» m'empêche pas du tout de travailler. »

Caroline fait une petite mine de dépit,
que je voudrais pouvoir rendre sur l'i-
voire, parce que cela lui va fort bien. Je

crois qu'elle désirerait que son oncle nous laissât; mais M. Roquencourt n'y songe pas. Après avoir fait quelques tours dans la chambre, il vient me regarder travailler, puis considère sa nièce, et s'écrie : « En vérité, Caroline a dans la
» physionomie, dans les yeux surtout,
» beaucoup de rapports avec mademoi-
» selle Lange... Vous n'avez pas connu
» mademoiselle Lange qui jouait aux
» Français? — Non, monsieur. — Ah!
» M. Dalbreuse! c'est peut-être l'actrice
» qui avait le plus de vérité, le plus de
» charmes dans la manière de dire... et
» femme charmante avec cela! je l'ai
» beaucoup connue!.. elle m'apprit à me
» poser mon rouge. C'est une chose fort
» difficile que de bien mettre son rouge!..
» je m'en couvrais la figure à tort et à
» travers. Elle me dit un soir, que je

» venais de jouer Gros Réné... vous savez
» Gros Réné du *Dépit-amoureux!..* »

« . . . La femme est comme on dit, mon maître,
Un certain animal difficile à connaître,
Et de qui la nature est fort encline au mal ;
Et comme un animal est toujours animal,
Et ne sera jamais.....

« — Ah! mon oncle, nous avons vu le
» *Dépit amoureux!..* Cette tirade n'est
» pas ce que j'aime le mieux dans Mo-
» lière!.. — Je venais donc de jouer Gros
» Réné... et avec beaucoup de succès, ma
» foi!.., j'avais fais rire aux larmes!..
» L'ange me prit à part, après la pièce, et
» me dit : Tu as joué comme un Dieu!..
» (elle me tutoyait.) Tu as joué divine-
» ment; mais, mon ami, tu ne sais pas
» mettre ton rouge... Tu te fais des pla-
» cards partout,.. ce n'est pas cela : mets-

» en beaucoup sous les yeux... tu as déjà
» les yeux brillans, tu verras comme ils
» le seront encore plus!.. Ensuite, va en
» mourant derrière les oreilles, et pres-
» que rien au bas de la figure. Je suivis
» ses conseils, et je m'en trouvai très-
» bien. — Mon oncle, est-ce que vous ne
» deviez pas faire ce matin une partie de
» tric-trac avec cet Anglais qui vous a
» provoqué hier? — Ce n'est pas ce matin,
» ma chère amie, c'est ce soir que nous
» devons y jouer. — Il me semblait bien
» que c'était ce matin. — Tu te trompes...
» C'est un fort beau jeu que le tric-trac;
» le jouez-vous, M. Dalbreuse? — Un peu,
» monsieur. — C'est Dazincourt qui me
» l'a appris... il y était de la première
» force. Je me souviens qu'un soir nous
» jouâmes une de ses perruques... c'était
» la perruque qu'il mettait dans... Atten-

» dez donc... une excellente perruque...
» et c'est beaucoup à la scène... C'était sa
» perruque du... »

Caroline se lève avec impatience, en disant : « En voilà assez pour aujour-
» d'hui; je ne veux pas fatiguer mon-
» sieur; allons promener, il fait beau et
» j'ai besoin de prendre l'air. Mon oncle,
» que vous seriez aimable d'aller me
» chercher mon chapeau. »

M. Roquencourt va chercher le chapeau en se grattant l'oreille et en murmurant: « Comment! le nom du rôle ne
» me reviendra pas! »

Lorsqu'il est éloigné, mademoiselle Derbin me dit : « Demain, si vous vou-
» lez nous prendrons séance plus tôt, à
» l'heure où mon oncle va lire les jour-
» naux, car, en vérité, il est terrible avec

» ses acteurs, sa comédie... On ne sait
» plus ce qu'on fait, il me semble qu'on
» doit mieux travailler quand il n'y a pas
» toujours près de nous quelqu'un qui
» parle; à moins cependant, monsieur,
» que vous ne craigniez de rester en
» tête-à-tête avec moi? »

Elle sourit en me disant cela; mais son sourire a quelque chose de mélancolique. En vérité cette jeune personne sait prendre toutes les physionomies. Tantôt rieuse, enjouée, moqueuse, ou bien sérieuse, pensive, langoureuse; elle n'est pas deux minutes la même: est-ce un art chez elle, ou les différentes sensations qu'elle ressent viennent-elles aussitôt se peindre sur ses traits? Peu m'importe après tout, cependant je n'ai pas encore répondu à sa question, je me sens presque embarrassé. En ce moment son oncle revient avec le chapeau, en s'écriant :

« Ce qu'il y a de certain c'est que je » gagnai la perruque par un *carme* qui » me donna douze points. Dazincourt » en sauta de dépit sur sa chaise, en me » disant : « Je ne jouerai plus avec toi !.. » » Il me tutoyait aussi. »

Mademoiselle Derbin ne se soucie pas d'en entendre davantage, elle me prend le bras, et nous sortons ; elle m'emmène promener, elle ne m'a pas même demandé si je voulais les accompagner ; elle devine donc que cela me plaira... Elle devine fort bien : je ne m'ennuie jamais avec elle.

Le lendemain je me rends chez son oncle à l'heure qu'elle m'a indiquée ; je la trouve seule : je n'en ressens aucun trouble, aucun embarras, car je n'ai point de déclaration à lui faire; alors même qu'elle me plairait, je ne le lui dirais pas. Je ne suis pas libre, et je ne voudrais pas la tromper; mais je n'ai rien à craindre. Mon cœur n'éprouvera plus d'amour; j'aime la société de mademoiselle Derbin, j'aime son caractère, son esprit, son abandon, je rends justice à ses charmes; mais je ne suis pas amoureux d'elle... Je ne puis plus être amoureux.

Nous nous mettons sur-le-champ à l'ouvrage. Je travaille avec plaisir à ce portrait; quelquefois cependant un souvenir cruel se réveille dans mon cœur: je me rappelle ces séances délicieuses que ma femme me donna. Quel plaisir je goûtais à la peindre!.. Ah! son sourire était bien doux aussi... et ses yeux pleins d'amour pour moi.

Lorsque ces idées reviennent m'assaillir, il se fait sans doute un changement bien visible dans ma physionomie, car mon modèle me dit pour la seconde fois : « Qu'avez-vous donc, M. Dal-
» breuse?.. vous sentiriez-vous indis-
» posé? — Non, mademoiselle. — Vous
» avez pris tout à coup un air si triste!..
» Si cela vous ennuie de me peindre,
» monsieur, rien ne vous oblige à con-
» tinuer. — Non, mademoiselle, cela
» me plaît beaucoup au contraire. — Ah!
» vous dites cela bien drôlement. »

Je ne réponds plus; je travaille. Caroline devient sérieuse et ne souffle plus mot.

« Mademoiselle, voudriez-vous sourire
» un peu?.. vous n'avez pas l'air si sé-
» rieux ordinairement. — C'est que vous
» ne me dites rien pour m'amuser... et

» vous-même vous avez quelquefois un
» air... O mon Dieu! quel homme ai-
» mable vous faites!.. — Je puis avoir
» des souvenirs qui ne soient pas gais...
» et ce que je fais en ce moment me rap-
» pelle... — Quoi donc?... — Une per-
» sonne dont j'ai fait aussi le portrait...
» — Une femme?.. — Oui. — Que vous
» aimiez sans doute? — Oh! oui!.. »

Caroline change de couleur et se lève brusquement en disant : « En voilà
» assez pour aujourd'hui... je ne veux
» plus poser... — Mais, mademoiselle,
» nous ne faisons que commencer. —
» J'en suis fâchée; mais je suis fatiguée...
» d'ailleurs je ne me soucie plus d'avoir
» mon portrait!.. — Quel caprice vous
» prend donc maintenant? — Eh bien,
» monsieur, si je veux avoir des ca-
» prices, moi!.. — J'en suis bien fâché

» aussi, mais j'ai commencé votre por-
» trait et je désire le finir... — Je vous
» dis que je ne veux pas de mon por-
» trait... vous seriez obligé de le garder...
» je vous demande un peu à quoi cela
» vous servirait ?.. un homme !.. cela ne
» porte pas un portrait... Ah! quelque-
» fois sur un souvenir, je crois...Allons,
» voilà que vous prenez encore votre
» air sérieux... Eh bien, me voilà, mon-
» sieur, me voilà, ne vous fâchez pas...
» Mon Dieu, je poserai tant que vous
» voudrez. »

Elle se remet à sa place. Je la regarde...
Elle a essuyé ses yeux à la hâte, et pourtant j'y vois encore briller des larmes.
Quelle femme singulière! quel mélange
de coquetterie et de sensibilité ! Que se
passe-t-il donc dans son cœur?.. Je crains
quelquefois de le deviner.

Nous travaillons long-temps et j'avance peu ma besogne, car je suis bien distrait : le passé et le présent m'occupent tour à tour. Caroline elle-même est rêveuse. Quelquefois elle me parle de Paris, je devine qu'elle tient à savoir ce que j'y faisais; je ne vois aucun inconvénient à lui apprendre que j'étais avocat. Elle semble charmée de savoir que j'exerçais cette profession. Pourquoi prend-elle tant d'intérêt à ce qui me regarde?.. Je ne lui dis pas un mot d'amour.

Notre seconde séance est plus gaie; nous nous habituons l'un à l'autre. Quand je soupire, elle me gronde et me dit de mieux travailler. Quand elle est rêveuse, je la prie de sourire, de faire la coquette comme en société. Le temps de ces séances passe bien vite. En vérité, je ne me reconnais plus : il y a des momens où je crains de trop m'habituer à la société de Caroline. Ah! Ernest avait bien raison, lorsque pour me distraire de ma douleur, il m'engageait à peindre de jolies femmes.

CHAPITRE II.

LA GAZETTE DES TRIBUNAUX.

Nous avons pris dix séances; le portrait est à peu près fini. Il pourrait même rester tel qu'il est, car Caroline en est enchantée, et son oncle le trouve aussi ressemblant que le sien en Scapin; mais, moi, je trouve encore quelque chose à faire; Caroline elle-même demande de petits changemens dans la robe, dans la coiffure. Je crois que nous serions fâchés tous deux que les séances fussent terminées.

Un soir que le temps est mauvais et que nous sommes restés à l'hôtel avec plusieurs voyageurs, la conversation est devenue générale. Un vieux gentilhomme, qui est presque aussi causeur que M. Roquencourt, mais bien moins aimable, nous entretient d'un procès scandaleux dont la *Gazette des Tribunaux* a rendu compte. Il s'agit d'un mari qui attaque sa femme en adultère. « Il y a, » dit-il, « dans cette affaire des détails pi-
» quans que le journal rapporte en y
» ajoutant ses réflexions. » Le vieux gentilhomme monte à sa chambre chercher le journal, qu'il veut absolument nous lire. Je l'aurais volontiers dispensé de cette complaisance.

Toutes les fois que l'on traite ce sujet,

je me sens mal à mon aise. Ces messieurs plaisantent, et rient beaucoup sur les maris trompés. J'ai beau vouloir feindre de rire aussi, je ne puis prendre sur moi. Je voudrais changer la conversation; je n'ose : il me semble qu'on devinerait mon motif. Heureusement, mademoiselle Derbin est près de moi; et elle ne paraît pas s'occuper beaucoup de l'anecdote rapportée par la *Gazette des Tribunaux.*

«Messieurs,» dit un Anglais, «chez
» nous on envisage la chose sous un au-
» tre point de vue; cela devient presque
» une opération commerciale. Nous fai-
» sons payer une amende fort considé-
» rable à l'amant de la dame.

» — Une amende peut-elle rendre
» l'honneur à un mari outragé ? » dit un vieil Espagnol. «Dans mon pays, la ré-

» paration est prompte, mais elle est ter-
» rible !...

» —Messieurs, » dit M. Roquencourt,
« je me souviens d'avoir joué *le Mariage*
» *de Figaro* avec un de mes amis, qui
» se trouvait dans le cas du mari de la
» *Gazette des Tribunaux*. Il faisait Al-
» maviva. Comme tout le monde savait
» ce qui lui était arrivé, vous jugez
» combien on fit d'applications pendant
» la pièce..... On rit beaucoup. Malgré
» cela, il joua fort bien. Moi, je faisais
» Figaro. J'avais le plus joli costume
» qu'il soit possible de voir..... blanc et
» cerise, tout en soie, en broderies, en
» paillettes !..... Ça m'avait couté fort
» cher ! Mais Dugazon, qui le vit, en fut
» si enchanté, qu'il me le demanda pour
» s'en faire faire un pareil. »

Je suis enchanté cette fois d'entendre

M. Roquencourt parler des rôles qu'il a joués : j'espère que cela changera la conversation ; et je vais lui demander quelques anecdotes sur Dugazon, lorsque le maudit gentilhomme arrive avec son journal à la main en s'écriant : « — Voici
» la gazette !..... Je vous assure qu'il y a
» des détails fort plaisans, que du reste
» on peut lire devant les dames...

» — Est-ce que cette conversation
» vous amuse ? » dis-je tout bas à Caroline. « — Croyez-vous que j'écoute tous
» ces bavards ?... Non vraiment, et je
» crois que mes pensées valent mieux
» que leurs discours. »

En disant ces mots elle me regarde tendrement et appuie sa main sur mon bras, car je viens de m'asseoir à côté d'elle. Je baisse les yeux ; je suis tout préoccupé de la *Gazette des Tribunaux.*

Le vieux gentilhomme a mis ses besicles et s'est approché d'une lampe. Il faudra absolument que nous entendions le journal. Il y a des gens qui veulent vous amuser malgré vous !

« Messieurs, voici l'article : c'est de
» Paris... les noms sont en toutes let-
» tres...

» — C'est fort agréable pour le mari, »
dit à demi-voix l'Espagnol; « toute l'Eu-
» rope saura qu'il est cocu!... — Quand
» un mari est assez sot pour plaider pour
» une semblable bagatelle, » dit un jeune
Français, « il mérite bien que l'univers
» entier se moque de lui... — Bagatelle!
» monsieur! » reprend l'Espagnol, « quand
» il s'agit de notre honneur!...

» — Où diable a-t-on été le placer?...
» Eh! eh!... C'est Beaumarchais qui a dit
» cela... et Beaumarchais avait diable-

» ment d'esprit!... Quand j'ai joué son *Fi-*
» *garo*, je venais de me trouver avec...

» — Ah ça! messieurs, vous ne voulez
» donc pas entendre le journal? — Si
» fait. Nous écoutons. — « Une cause,
» assez commune par le fonds, mais fort
» piquante par les détails et les débats,
» a été jugée aujourd'hui en première
» instance. Le sieur Ferdinand-Julien
» Bélan avait épousé, au mois de juin
» mil huit cent vingt-quatre, demoiselle
» Armide-Constance-Fidelle de Beausiré.
» Pendant quelques années... »

» — Ferdinand Bélan? » dis-je en sortant de ma rêverie. Tous les yeux se portent sur moi, et on s'écrie : « — Est-ce
» que vous le connaissez?... est-ce qu'il
» est de vos amis?... Ah! quel homme
» est-ce? contez-nous cela.

» — Je connais en effet une personne

» qui porte ce nom... peut-être n'est-ce
» pas la même... Ce Bélan était marié, il
» est vrai, mais il y a long-temps que je
» l'ai perdu de vue... Je ne sais rien qui
» le concerne. — Oh! il est probable que
» c'est celui-là. — Il doit avoir l'air bête?»
s'écrie un jeune voyageur. « Un mari
» trompé, il me semble que cela doit
» leur donner une drôle de figure!.....
» — Voilà bien une réflexion de jeune
» homme! » dit l'Anglais. « Si cela se
» voyait sur la figure, messieurs les Fran-
» çais en riraient moins!

» — Messieurs, j'ai joué le Sgana-
» relle du *Cocu imaginaire*; c'était à
» Bordeaux... Je l'ai joué depuis à Paris,
» mais ce que je veux vous dire se passa
» à Bordeaux. C'était une partie montée
» depuis long-temps... je n'en étais pas.
» Tout à coup, l'amateur qui devait re-

» présenter Sganarelle se trouve dans
» une banqueroute épouvantable : il
» perdait deux cent mille francs. Vous
» sentez bien qu'il ne songe plus à jouer
» la comédie. La société était dans un
» grand embarras, lorsque Molé, qui se
» trouvait dans cette société, leur dit :
« Eh, pardieu! je connais quelqu'un qui
» peut, s'il le veut, vous tirer de peine;
» c'est un de mes amis, qui joue la co-
» médie comme un petit ange : il est jus-
» tement à Bordeaux dans ce moment. Et
» tout le monde de lui dire : Oh! ame-
» nez-nous votre ami! amenez-nous vo-
» tre ami! Molé vint me trouver, et me
» dit : Veux-tu jouer Sganarelle dans *le*
» *Cocu imaginaire?* (Molé et moi nous
» nous tutoyons.) Je lui réponds : Et
» pourquoi pas? — Tu rendras la vie à
» des femmes charmantes, que tu em-

» brasseras... Sais-tu le rôle? — Non. —
» Il est long. — Je le saurai demain. —
» Je t'en défie! — Gageons! — Une dinde
» aux truffes! — Ça va. Le lendemain
» je jouai Sganarelle, et j'eus un succès
» prodigieux!...

» — Messieurs, il me semble que j'ai
» apporté le journal pour vous en faire
» la lecture; et, si vous le permettez... »

Ce diable d'homme n'en démord pas;
et, quoique je sache fort bien qu'il s'agit
du Bélan que je connais, je ne suis pas
curieux d'entendre la lecture de son
procès. Heureusement, la maîtresse de
la maison entre en ce moment dans le
salon. Après avoir salué tout le monde,
elle s'approche de mademoiselle Derbin:

« Mon Dieu! mademoiselle, si j'osais
» me permettre... si cela ne vous contra-
» riait pas... je... — Qu'est-ce donc, ma-

» dame ? — C'est que nous avons une
» nouvelle voyageuse..... une dame fran-
» çaise... qui est ici depuis ce matin. Elle
» vient pour prendre les eaux, et on voit
» bien que ce n'est pas seulement pour
» son agrément qu'elle est venue; car elle
» a l'air bien malade, bien souffrant...

» — Est-ce la jeune dame que j'ai aper-
» çue ce matin ? » dit l'Anglais. « — Oui,
» milord. — Elle a l'air très-confortable...
» très-intéressant. — Et que puis-je faire
» à tout cela, madame l'hôtesse ? » dit
Caroline. « — Pardon ! mademoiselle ;
» voilà ce que c'est. Cette dame, qui a
» fort bon ton et de très-bonnes maniè-
» res, n'a avec elle que sa femme de cham-
» bre. Depuis ce matin, elle n'est pas
» sortie de sa chambre ; je crains qu'elle
» ne s'ennuie. Je suis montée un moment
» près d'elle tantôt ; je lui ai dit que le

» soir, la société se réunissait dans ce
» salon; qu'il fallait descendre, que cela
» la distrairait. Elle n'a ni promis, ni re-
» fusé... Elle semble timide; mais si une
» personne de la réunion, comme vous,
» mademoiselle, allait l'engager à venir,
» je suis bien certaine qu'elle ne refuse-
» rait pas. Cette pauvre dame! elle a l'air
» si souffrant! Je suis persuadée qu'en
» compagnie elle oublierait un peu son
» mal. »

Plusieurs voyageurs joignent leurs instances à celles de l'hôtesse. Moi-même,
qui suis bien aise qu'on oublie le journal, j'engage mademoiselle Derbin à
nous amener la malade.

« Puisque vous êtes si curieux de voir
» cette dame, messieurs, » dit Caroline
en se levant, « je vais me rendre en am-
» bassade près d'elle. Mais ne vous ré-

» jouissez pas trop d'avance, car je ne
» vous promets pas de réussir; et il faudra
» peut-être que vous vous contentiez
» encore d'adresser vos galanteries aux
» dames qui sont dans ce salon. »

En disant ces mots avec une gaîté charmante, elle sort du salon avec l'hôtesse. Cet événement a fait oublier le procès de Bélan, et j'espère qu'on n'y reviendra pas; cependant je remarque que le vieux gentilhomme, qui ne se tient pas pour battu, est allé s'asseoir d'un air de mauvaise humeur, dans un coin du salon, mais en gardant toujours à sa main la *Gazette des Tribunaux.*

Quelques momens s'écoulent : « Ma-
» demoiselle Derbin ne réussira pas, »
dit l'Espagnol; « si cette dame est malade,
» elle ne voudra pas quitter sa chambre.
» — Et pourquoi cela? » dit un jeune

homme; « est-ce qu'il faut se faire er-
» mite parce qu'on vient prendre les
» eaux?...

» — Messieurs, je crois que ma nièce
» réussira: car, en vérité, elle réussit dans
» tout ce qu'elle entreprend, et si elle a
» mis dans sa tête de nous amener cette
» voyageuse, soyez certain qu'elle ne re-
» viendra pas seule. Ma nièce tient de
» moi : j'ai peut-être joué trente rôles
» dans ma vie... Bah! qu'est-ce que je dis
» donc? j'en ai joué plus de cinquante!...
» Eh bien! je vous assure qu'il y en a
» au moins une douzaine que j'ai appris
» dans les vingt-quatre heures, au pied
» levé, comme celui du *Cocu imaginaire.*
» Mais celui-là était long! Ah! je ne vous
» ai pas dit l'effet que je produisis sur
» Molé! Il ne m'avait vu que dans les
» grandes livrées; Sganarelle est bien,

» si l'on veut, de l'emploi des valets,
» mais...

» — Voici mademoiselle Derbin, et
» elle amène cette dame; » dit un jeune homme qui a entr'ouvert la porte du salon. Aussitôt, par un mouvement de curiosité naturel, on fait cercle, et tous les yeux se tournent vers la porte.

Caroline paraît, donnant la main à la nouvelle venue. Tout le monde salue cette dame; et moi, au moment d'en faire autant, je reste saisi, glacé, je retombe sur ma chaise. Dans cette femme pâle, maigre et à l'air souffrant qui vient d'entrer, j'ai reconnu Eugénie.

Elle ne m'a pas aperçu; car, en entrant, elle a salué sans regarder tout le monde : et, conduite par Eugénie, elle a été s'asseoir sur-le-champ. Je suis presque derrière elle; je n'ose ni remuer ni respirer.

« Messieurs, » dit mademoiselle Derbin, « madame a bien voulu se rendre à
» mes prières; mais j'ai eu infiniment de
» peine à la décider à quitter sa retraite,
» et vous me devez beaucoup de recon-
» naissance. »

Ces messieurs remercient Caroline, qui s'est assise près d'Eugénie. La conversation s'engage de nouveau. Eugénie y prend peu de part; elle ne cause qu'avec mademoiselle Derbin, qui la questionne sur sa maladie. J'entends un de nos jeunes gens dire à M. Roquencourt:
« Je connais cette dame, je l'ai vue en
» soirée à Paris; il y a deux ans... Elle
» se nomme madame Blémont, son mari
» l'a quittée : c'était un mauvais sujet,
» un joueur, un libertin.

» — Pauvre femme! » répond M. Roquencourt. « Oh! nous en avons tant, de
» ces scélérats de maris qui se condui-
» sent ainsi! sans compter les *Béverley*,
» les *Othello*, les... On a voulu me faire
» jouer Béverley; c'est le seul rôle que
» j'aie refusé! »

Je regarde le jeune homme qui a nommé ma femme. Je suis bien certain qu'il ne me connaît pas; je ne me rappelle pas l'avoir jamais rencontré en société. Mais je ne puis rendre ce que je souffre; la vue d'Eugénie a renouvelé toutes mes douleurs. Je voudrais fuir, je n'ose, je crains de faire un mouvement, si elle tournait un peu la tête, elle me verrait.

Cependant cette situation ne peu durer long-temps. Caroline, qui vient de cesser de parler à Eugénie, se tourne

vers moi et me dit : « Eh bien ! M. Dal-
» breuse, pourquoi donc restez-vous si
» loin ?... Vous avez l'air de bouder... Ve-
» nez donc causer un peu avec nous. »

Je ne sais que répondre. Mais Eugénie a reculé son fauteuil, comme pour me faire de la place près de sa voisine. En même temps elle tourne les yeux vers moi. Bientôt je la vois chanceler, et laisser tomber sa tête sur le dos de son fauteuil.

« Cette dame se trouve mal ! » s'écrie Caroline en se penchant vers Eugénie. « Messieurs, vite des sels... un flacon... » Ouvrez la fenêtre : il lui faut de l'air, » peut-être. »

Il se fait un mouvement général. Je me lève aussi, je vais sortir du salon ; Caroline m'appelle, me retient, me prie de l'aider à porter la malade contre la fenêtre qu'on vient d'ouvrir. Comment me dispenser de faire ce qu'elle me demande! et puis... la vue de cette femme dont les yeux sont fermés, et dont les lèvres pâles, les traits amaigris annoncent la souffrance, me cause une émotion, me fait éprouver un sentiment..... qui ressemble presque à du plaisir. Je n'ai pas un cœur barbare, mais elle m'a fait tant de mal!... Il me semble que je commence à me venger. Pourquoi donc fuirais-je de ce salon? Est-ce à moi de fuir?... Non. Je veux voir comment elle supportera ma présence.

Pendant que ces idées se croisent dans ma tête, Caroline m'a poussé vers le fauteuil sur lequel est Eugénie, en me disant: « Eh bien! monsieur..... voyons
» donc... Est-ce que vous allez rester là
» sans bouger?... Oh! que les hommes

» sont gauches dans certaines circons-
» tances ! »

Nous portons le fauteuil près de la fenêtre. On apporte des sels. « Soutenez
» donc la tête à cette dame, » me dit Caroline. « Avancez-vous donc... En vérité,
» je ne sais à quoi vous pensez ce soir !...
» mais vous avez l'air de ne pas m'en-
» tendre... Pauvre femme !... comme elle
» est pâle !... Elle est jolie, malgré cela...
» n'est-ce pas ? Hein ? la trouvez-vous jo-
» lie ? — Oui, mademoiselle..... — C'est
» bien heureux, qu'on puisse vous arra-
» cher cela !... Ah ! la voilà qui revient à
» elle !... »

Eugénie rouvre les yeux... Elle semble chercher à rappeler ses idées... Enfin elle regarde lentement autour d'elle. Je suis la première personne qu'elle aperçoit... Elle rebaisse vivement les yeux et porte ses mains à son front.

« Vous m'avez fait bien peur, ma-
» dame, » dit Caroline. « Comment vous
» trouvez-vous maintenant?

» — Je vous remercie, mademoiselle:
» c'était un étourdissement; je suis
» mieux... Cependant je voudrais ren-
» trer chez moi... »

En disant cela elle fait un mouvement pour se lever et retombe sur son fauteuil, en balbutiant: « Je me sens ac-
» cablée!...

» — Restez donc avec nous... cela va
» se dissiper; cette faiblesse vient des
» nerfs : contre la fenêtre vous serez
» bien... La retraite amène l'ennui, et
» l'ennui redouble le mal... N'est-ce pas,
» M. Dalbreuse?.. Allons! il ne m'entend

» plus... Je ne conçois pas ce qu'il a ce
» soir. »

Pendant que Caroline parlait, je me suis éloigné du fauteuil d'Eugénie. Celle-ci reste assise, la tête tournée vers la fenêtre; elle ne regarde plus dans le salon.

« Je ne me suis trouvé mal qu'une
» fois dans ma vie, » dit M. Roquencourt;
« mais c'était de chaleur. J'avais consenti
» à faire le rôle d'Arlequin, dans *Colom-*
» *bine mannequin;* je ne m'en souciais pas
» trop... je redoutais le masque; enfin la
» société m'en pria tant qu'il fallut bien
» se rendre... C'était madame la marquise
» de Crezieux qui faisait Colombine.....
» Femme charmante; ma foi!... j'avais un
» faible pour elle... Quand je la vis en
» Colombine, je la trouvai si jolie que je
» me piquai d'honneur; je jouai mon

» rôle d'Arlequin à ravir. Je fis mille sin-
» geries, mille gambades... j'étais un vé-
» ritable chat!... A la fin de la pièce on
» me jeta des couronnes; c'était un trans-
» port, un délire!... mais moi, bien le
» bonsoir!... je n'en pouvais plus. Je
» tombai dans la coulisse; et si on ne
» m'avait pas sur-le-champ arraché
» mon masque, c'était fini, j'étais suffo-
» qué. »

Plusieurs personnes s'approchent d'Eugénie pour lui demander comment elle se trouve. Je n'entends pas ce qu'elle répond, mais elle ne bouge pas. Elle craint sans doute, en tournant la tête, de rencontrer encore mes regards. Elle n'a pas amené sa fille avec elle : quel dommage! Et cependant, si elle l'avait amenée, aurais-je été maître de cacher ma tendresse?... Ah! je suis resté trop long-temps ici : j'aurais déjà dû aller revoir ma fille...

Depuis quelques instans la conversation est tombée; quelques personnes causent entre elles à demi-voix, mais cela n'est plus animé. Le vieux monsieur qui est resté dans un coin, avec son journal à la main, juge le moment favorable; il rapproche sa chaise en disant : « Messieurs et dames... il me sem-
» ble que tout à l'heure nous causions
» du procès dont il est fait mention
» dans la *Gazette des Tribunaux* que je
» tiens; j'allais même vous faire la lec-
» ture du journal, lorsqu'on a été cher-
» cher madame. Je pense que mainte-
» nant vous ne serez pas fâchés d'en-
» tendre cette lecture, et je commence...
» Hum! hum!...
» — C'est très-difficile de bien lire, »

dit M. Roquencourt; « nous avons beau-
» coup d'auteurs qui ne savent pas lire
» leurs ouvrages... C'est Larive qui lisait
» bien... Oh! il lisait parfaitement!.....
» Moi, lorsque j'avais une lettre à lire,
» en scène, je ne voulais pas que le
» souffleur m'en envoyât un seul mot!...
» Mais une fois, il m'arriva une plaisante
» aventure... C'était, je crois, dans *l'E-*
» *tourdi...*

» — Monsieur, » dit d'un ton courroucé le vieux gentilhomme, en s'avançant avec son journal, « voulez-vous,
» ou ne voulez-vous pas que je vous lise
» la Gazette ?... — Ah! pardon!... lisez...
» je vous en prie... Je vous conterai mon
» histoire après... Elle vous fera rire. »

Je suis sur les épines. Faudra-t-il donc
entendre la lecture de cette cause ? et
cependant n'est-ce pas ma vengeance

qui commence?... Eugénie souffrira en écoutant ces détails... Mais il me semble que je souffrirai autant qu'elle!... L'impitoyable liseur a développé le journal et remis ses besicles : nous ne l'échapperons pas!

« Une cause assez commune par le
» fonds, mais fort piquante par les dé-
» bats, a été... »

« — Vous nous avez lu cela, mon-
» sieur. — C'est juste... arrivons au pro-
» cès. Le sieur Bélan attaque donc en
» adultère sa femme Armide de Beausire.
» Voici quels sont les faits qui ont amené
» le sieur... »

Aux premiers mots de cette lecture, j'ai examiné Eugénie : elle a voulu se lever, s'éloigner; à peine a-t-elle fait quelques pas qu'un gémissement sourd lui échappe, ses membres se raidissent, elle tombe aux pieds de mademoiselle Derbin.

« C'est une attaque de nerfs, » s'écrie-t-on de toutes parts; « cette dame » est bien mal, il faut la transporter » chez elle. »

Plusieurs de ces messieurs ont offert leur assistance; Eugénie est emportée du salon, Caroline les suit. Je reste, je m'approche de la fenêtre. Ce spectacle, ce gémissement que je crois entendre encore, m'ont déchiré l'âme. Je sens que je ne veux plus de vengeance à ce prix. Je partirai cette nuit même... Je ne veux pas la tuer... S'il ne dépendait que de moi, son mal serait bientôt guéri.

On va et vient dans le salon. Les uns causent sur ce second évanouissement, les autres font demander des nouvelles de la malade. Le vieux gentilhomme seul est allé sans rien dire se rasseoir dans un coin, d'un air d'humeur, en remettant le journal dans sa poche.

Caroline revient enfin, on s'empresse autour d'elle : « Cette dame est un peu
» mieux, dit-elle, mais, en vérité, je crains
» que toutes les eaux du Mont-d'Or ne
» puissent lui rendre la santé.

» —Eh! mais, je devine ce qui a causé
» ce second évanouissement, » dit le jeune homme qui a déjà parlé d'Eugénie. « Cette pauvre madame Blémont...
» C'est le nom de cette dame... — En
» effet, je me rappelle que l'hôtesse l'a
» nommée ainsi... Eh bien! vous disiez
» donc que cette dame? — Elle a été
» très-malheureuse en ménage, son
» mari l'a quittée, abandonnée; elle
» aura pensé à tout cela en entendant

» parler d'un mari qui plaide contre sa
».femme.

» — Comment, monsieur, » dit Caroline, « cette dame a été quittée par son
» mari? — Oui, mademoiselle; j'ai vu
» plusieurs fois cette dame en soirée à
» Paris. Je l'ai sur-le-champ reconnue,
» quoiqu'elle soit bien changée... — Et
» son mari? — Je ne l'ai pas connu;
» il paraît que c'était un monstre!...
» joueur, débauché, jaloux!... tous les
» vices enfin; il a laissé sa pauvre petite
» femme avec deux enfans sur les bras,
» un garçon et une fille..... — O mon
» Dieu!... il y a des hommes indignes!...
» Cette jeune dame a l'air si doux, si
» aimable! Certainement elle devait faire
» le bonheur d'un homme qui aurait su
» l'apprécier. Abandonnée par son mari!
» que je la plains!... Et peut-être l'aime-

» t-elle toujours ; car nous sommes si
» bonnes, nous ne savons pas vous
» haïr, lors même que vous le méri-
» tez le plus !... Mon oncle, décidément
» je ne veux jamais me marier. »

Après avoir dit cela, Caroline me regarde comme pour chercher dans mes yeux à deviner ce que je pense. Mais je détourne mes regards et ne dis pas un mot.

Tout le monde songe à se retirer. On se salue, on se dit bonsoir. Je me sens pincé au bras ; c'est Caroline qui me dit d'un air piqué : « Il faut donc que ce soit
» moi, monsieur, qui vous souhaite le
» bonsoir aujourd'hui !... Ah ! vous pou-
» vez vous flatter d'avoir été bien maus-
» sade ! »

Ce reproche me rend à moi-même ; je pense que je veux partir avant le jour, que peut-être je vois mademoiselle Derbin pour la dernière fois : et je m'avance pour saisir sa main ; mais elle la retire, en me disant d'un ton plus doux : « Je » ne pardonne pas si vite... demain nous » verrons si vous méritez qu'on fasse la » paix. »

Elle est éloignée. Je rentre dans mon appartement. Il faut que je parte, que je quitte cette maison... cette ville... Je sens que je ne puis me trouver en présence d'Eugénie; d'ailleurs elle est malade, je dois avoir pitié d'elle. Mais pourquoi est-elle venue troubler le bonheur que je goûtais en ces lieux?.. j'y avais presque oublié le passé... mademoiselle Derbin est si aimable!... après tout, un peu plus tôt, un peu plus tard, il aurait toujours fallu la quitter... Si elle savait que je suis ce Blémont, cet homme que dans le monde ils appellent un monstre ! Comme ils me traitent !... mais cela ne m'offense nullement ; au contraire, je suis enchanté que l'on ait pris le change ; je préfère passer pour un mauvais sujet, à faire, comme Bélan, retentir mes plaintes devant les tribunaux... Pauvre Bélan !... je me doutais qu'il en viendrait là... Mais Caroline me croit garçon... raison de plus pour partir... Que pouvais-je espérer de cette liaison ? d'avoir une amie... Oh ! non... à l'âge de Caroline c'est un époux, un amant qu'il faut ; c'est de l'amour qu'elle veut éprouver : l'amitié ne suffit pas à une âme de vingt-quatre ans. Elle rencontrera l'homme qu'elle cherche, et elle m'oubliera aussi vite qu'elle a fait ma connaissance. Et moi... oh ! moi, dès que je tiendrai ma fille dans mes bras, je suis bien certain que j'oublierai tout l'univers! Appelons Pétermann; il ira à la poste demander des chevaux, et fera nos valises.

J'appelle à plusieurs reprises mon fidèle compagnon; je ne reçois pas de réponse... il n'a pas l'habitude de se coucher avant moi. Je monte à sa chambre, il n'y est pas! je demande dans l'hôtel si on l'a vu : une servante se rappelle que sur les midi il est entré dans un petit cabinet tenant à un corps de logis au fond du jardin, et qu'il s'y est fait porter avec un copieux déjeuner plusieurs bouteilles de vin de Bourgogne. Elle assure qu'il n'en est pas sorti depuis le matin.

Je me rappelle à présent que nous sommes au premier du mois; c'est le jour que Pétermann choisit ordinairement pour se mettre en gaîté : je devine ce qu'il fait dans le cabinet. Je prie la servante de me conduire. Nous nous dirigeons, avec de la lumière, vers le pavillon que l'ancien tailleur a choisi pour prendre ses ébats.

Nous n'apercevons aucune clarté à travers la fenêtre ; nous entrons. Péterman, qui probablement a autant à cœur de s'enivrer complètement une fois par mois, qu'il met d'amour-propre à être sage les autres jours, est étendu dans un état complet d'ivresse devant la table, aux pieds d'une banquette ; sur laquelle il était probablement assis quand il pouvait encore s'y tenir.

« Ah ! mon Dieu ! est-ce qu'il est
» mort ? » s'écrie la servante : « il ne bouge
» pas !... — Non, rassurez-vous, il n'est
» que gris, et comme maintenant cela ne
» lui arrive qu'une fois par mois, il ne
» se grise pas à demi. Fâcheux contre-

» temps, moi qui voulais partir cette
» nuit... — Partir, mais, monsieur n'a
» pas demandé de chevaux... — N'en
» trouve-t-on pas à toute heure à la
» poste ? — Ah! oui, mais v'là vot'do-
» mestique dans un bel état pour se met-
» tre en route... il me semblait que mon-
» sieur ne songeait pas encore à son dé-
» part?...

Je m'approche de Pétermann, je lui prends le bras, je le secoue, je l'appelle : « Prout !... je dors... » murmure enfin le tailleur. — « Mais, mon ami, j'ai besoin
» de vous, tâchez donc de vous réveil-
» ler. — Prout! je veux boire aujourd'hui
» pour un mois... laissez-moi dormir...
» vous me réveillerez quand j'aurai soif »

Il m'est impossible d'en obtenir un mot de plus. « Je vous conseille, mon-
» sieur, de laisser votre domestique passer

»la nuit là, » dit la servante; « il y sera
» tranquille, personne ne le dérangera.
» Et puis, vous voyez qu'il serait difficile
» de le faire bouger. Vous ne pouvez pas
» l'emmener comme ça ! »

Cette fille a raison ; je ne puis cette nuit rien espérer de Pétermann. Si je pars, il est hors d'état de me suivre. Faut-il m'éloigner sans lui, ou attendre à demain pour quitter le Mont-d'Or ?

Ce dernier parti me semble le plus raisonnable. D'ailleurs, je me rappelle maintenant que je suis possesseur du portrait de mademoiselle Derbin ; après toutes les politesses dont elle et son oncle m'ont accablé, n'eût-il pas été malhonnête de lui faire remettre ce portrait sans lui avoir seulement dit adieu ?.....
Allons, je resterai jusqu'à demain ; et

d'ici à mon départ, je ferai en sorte de ne plus me trouver avec Eugénie.

Je remonte chez moi, et je me couche. J'avais bien envie de m'éloigner, pourtant je crois que je ne suis pas fâché d'être obligé de rester encore.

CHAPITRE III.

UN BAVARD.

« En m'éveillant le lendemain de cette soirée, ma première pensée est qu'Eugénie habite sous le même toit que moi. Comme elle est changée!... quelle pâleur sur son visage! quelle expression de tristesse répandue sur tous ses traits! Est-ce le remords?... le repentir qui ont amené ce changement? Ah! je suis bien bon de le supposer! m'a-t-elle montré des remords lorsque je lui ai écrit pour me séparer d'elle, pour lui demander ma fille ?... En avait-elle lorsqu'au bois de Boulogne elle passait fièrement devant moi ?... Non; et d'ailleurs, la faute qu'elle a commise est celle dont on a le moins de repentir : cette vérité n'est point morale, mais ce n'en est pas moins une vérité.

N'importe, je partirai. Je ne veux pas que la soirée d'hier se renouvelle. Je ne veux plus me trouver avec madame Blémont, et je veux revoir ma fille. Pauvre petite! à qui l'a-t-elle confiée ?... Et Ernest qui ne m'écrit pas... Mais j'oublie que je ne lui ai point fait savoir mon séjour dans cette ville, où je ne croyais m'arrêter que peu de jours.

Je me lève, et je vais sonner Pétermann, lorsque, en jetant les yeux sur ma cheminée, j'aperçois un billet et un agenda qui n'étaient point là la veille.

Je m'approche... Cet agenda... c'est le mien ; c'est celui que j'ai remis à Ernest en le quittant ; par quel hasard le trouvai-je ici... Voyons ce billet... Ah ! j'ai reconnu ces caractères... C'est Eugénie qui m'écrit : « A monsieur Dalbreuse. » C'est elle qui m'aura fait remettre ces tablettes. Vouloir que j'aie son portrait !... quelle audace !... ne devrais-je pas lui renvoyer tout cela sans lire son billet?... Oui, je le devrais... mais comme on ne fait pas souvent ce qu'on devrait faire, je ne résiste pas à ma curiosité, et j'ouvre le billet.

« J'ai appris, monsieur, que vous
» aviez voulu quitter cet hôtel cette nuit.
» Que ma présence ne vous fasse pas
» fuir un séjour où vous semblez vous

» plaire; je vous jure, monsieur, que
» vous ne me rencontrerez plus; je ne
» quitterai plus ma chambre; et si mes
» forces me l'avaient permis, je serais
» partie sur-le-champ. J'ai confié votre
» fille à madame Firmin. Elle et son
» mari veulent bien se charger de tenir
» lieu de parens à vos enfans. Je pense
» que vous m'approuverez de leur avoir
» laissé votre Henriette; au reste, vous
» serez le maître de disposer de votre
» fille; je vous la rends, et ne veux plus
» garder que mes larmes et mes re-
» mords. »

Que nous sommes faibles!... J'étais courroucé contre elle en ouvrant ce billet, et maintenant je me sens tout ému... tout bouleversé!... C'est que cette lettre est encore empreinte de ses pleurs. Quelle différence entre ce billet et celui qu'elle me répondit il y a deux ans!... Si alors elle m'eût écrit ainsi..., je ne sais ce que j'aurais fait. Elle me rend me fille... elle l'a confiée à madame Firmin. Autrefois, elle détestait Marguerite... comment se fait-il qu'elle lui ait confié sa fille?... que s'est-il donc passé en elle depuis deux ans?... Je m'y perds; mais je suis enchanté de savoir ma petite Henriette chez mes fidèles amis.

Quant à l'agenda, je ne conçois pas qu'elle ait eu l'idée de me l'envoyer. Espérerait-elle me forcer à l'aimer encore, obtenir son pardon en me rendant ce portrait? Oh! non; je l'ai trop aimée pour lui pardonner jamais. Pourquoi Ernest lui a-t-il donné ce souvenir?... je vais le lui renvoyer.

Je tiens les tablettes dans mes mains; je les tourne et les retourne... comme pour m'assurer si ce sont bien les mêmes; puis, je les ouvre enfin pour voir si la peinture a beaucoup perdu depuis deux ans.

Que vois-je!... Ce n'est plus le portrait d'Eugénie qui est là; c'est celui de ma fille... de mon Henriette! Chère enfant!... Oui, c'est bien elle; voilà son sourire, ses yeux... Il me semble que je la vois!

J'embrasse le portrait de ma fille. Cher agenda, tu ne me quitteras plus à présent; car si un enfant se lasse de voir son père, un père a toujours du plaisir à contempler les traits de son enfant. Ah! que je sais gré à Eugénie de m'avoir envoyé ce portrait!... Si quelqu'un pouvait encore plaider pour elle, qui, mieux que sa fille, pourrait se charger de ce soin?

Je voudrais savoir qui a placé tout cela sur ma cheminée. Je sonne, et Pétermann arrive, se frottant encore les yeux.

« Pétermann, vous étiez gris hier?...
» — Oui, monsieur, c'était mon jour.
» — Depuis quand êtes-vous éveillé? —
» Mais il n'y a pas fort long-temps... Je
» m'en étais tapé, hier... Ah! prout!...
» — Je le sais, je vous ai vu, je vous ai
» parlé. — Ma foi, je ne vous ai ni vu
» ni entendu, moi, monsieur. — Ainsi,
» vous n'avez dit à personne dans l'au-
» berge que je voulais partir cette nuit?
» — Partir... cette nuit? — Et ce n'est
» pas vous qui avez placé, ce matin, sur
» ma cheminée, ces tablettes et ce billet?
» — Non, monsieur; je ne suis pas en-
» tré chez vous depuis hier au matin. —
» Pétermann, envoyez-moi la petite ser-

» vante qu'on nomme, je crois,... Marie...
» une grosse courte... — Ah! je sais,
» monsieur, c'est elle qui m'a servi à dé-
» jeuner, hier. »

La servante arrive. Elle nie avoir apporté le billet et le souvenir ; mais elle avoue qu'elle a dit, le matin, devant les domestiques, que j'avais voulu partir cette nuit.

Qu'importe par qui Eugénie m'a envoyé cela? je ne lui en veux plus de cette action. Mais comme je ne veux pas la forcer à garder la chambre, je partirai. Cependant, si je pars tout de suite, elle croira que je ne puis supporter d'être auprès d'elle... je ne voudrais pas qu'elle eût cette pensée en récompense du présent qu'elle m'a fait. Je ne sais à quel parti m'arrêter!

Je me suis fait servir à déjeuner dans

ma chambre, et je vais me mettre à table;
lorsque je vois arriver M. Roquencourt.

« — Bonjour, M. Dalbreuse!... — Mon-
» sieur, je vous présente mes saluta-
» tions... Quelle heureuse circonstance
» me procure cette visite matinale? —
» Mon cher ami, c'est ma nièce qui
» m'envoie vous chercher pour que
» vous veniez déjeuner, prendre du
» thé avec nous... Oh! elle me pres-
» sait... elle me pressait... Heureuse-
» ment je m'habille vite... Quand on
» a joué la comédie on a tellement l'ha-
» bitude de changer de toilette... Ha ça,
» mon cher monsieur Dalbreuse, qu'est-
» ce que ma nièce m'a dit?... Vous avez
» voulu partir cette nuit... nous quitter
» sans nous dire même adieu?...—Mon-
» sieur... il est vrai que... — Est-ce qu'on
» saute des scènes comme cela?... est-ce

» qu'on se sauve ainsi ?... Il me semble
» qu'on ne vous poursuit pas ici comme
» M. de Pourceaugnac. Ah! ah! ah! ai-je
» fait rire dans ce diable de *Pourceau-*
» *gnac!*... C'est un rôle extrêmement dif-
» ficile... bien des gens l'ont joué; celui
» que je mets au dessus de tout là dedans,
» c'est Baptiste cadet. Ah! monsieur,
» quel admirable sottise... car Pourceau-
» gnac n'est pas une bête, c'est un sot,
» mais un sot bien élevé; il ne faut pas
» en faire un imbécile de mauvais ton.
» Baptiste cadet saisissait parfaitement
» toutes ces nuances, et...

» — Monsieur, puisque mademoiselle
» votre nièce nous attend... — Oui, vous
» avez raison... Elle nous attend. Je vous
» préviens qu'elle est horriblement fâ-
» chée contre vous..... C'est pour cela
» qu'elle veut que vous veniez déjeuner.

» Elle a dit que vous étiez un vilain
» homme... Ah! ah!... »

Non, l'on n'a point vu d'âme à manier si dure,
Ni d'accommodement plus pénible à conclure!

Je suis M. Roquencourt. Caroline va donc me gronder de ce que je voulais partir; en a-t-elle le droit?... Il me semble que non.

Mademoiselle Derbin est assise et prend du thé; elle me fait une légère inclination de tête; je vois fort bien qu'elle est fâchée, mais qu'elle ne voudrait pas en avoir l'air.

M. Roquencourt m'a pris par la main et me présente à sa nièce d'un air comique, en disant : « *Bourguignon, voilà*
» *Lisette!..... Lisette, voilà Bourgui-*
» *gnon!...*

» — Qu'est-ce que cela signifie tout

» cela, mon oncle? » dit Caroline avec humeur.. « A qui en avez-vous, avec vos
» Bourguignon et vos Lisette ? — Com-
» ment, ce que cela signifie!...... Est-ce
» tu n'as pas vu *les Jeux de l'Amour et*
» *du Hasard?*... — Est-ce que c'est pour
» jouer la comédie, que vous amenez
» monsieur? Je pensais que c'était pour
» déjeuner..... Asseyez-vous donc, mon-
» sieur. Mon oncle est terrible avec ses
» rôles!...... — C'est-à-dire que tu as de
» l'humeur, ce matin; voilà le fait... —
» Moi, j'ai de l'humeur?..... Par exem-
» ple!..... Et pourquoi donc? Quel sujet
» m'en aurait donné?... — Je te dis que
» tu en as...... Au reste, j'avais prévenu
» M. Dalbreuse, je lui avais dit : Ma nièce
» vous en veut à la mort!..... — En vé-
» rité, mon oncle, je ne sais pas ce que
» vous avez aujourd'hui! Vous avais-je

» chargé de dire cela?... Pourquoi donc
» en voudrais-je à Monsieur?... Serait-ce
» parce qu'il voulait partir cette nuit sans
» nous dire seulement adieu?..... Mais
» après tout, monsieur n'est-il pas son
» maître? Nous ne sommes rien pour
» lui que de simples connaissances... de
» ces gens avec lesquels on veut bien
» s'amuser, quand cela ne dérange pas,
» mais auxquels on ne pense plus, dès
» qu'on les a quittés!... — Ah! mademoi-
» selle, j'espère que vous ne croyez pas
» cela... — Si, monsieur, je le crois, j'en
» suis persuadée même. Si vous nous
» aviez regardés autrement, si vous aviez
» eu quelque amitié pour nous, vous
» n'auriez pas voulu nous quitter ainsi,
» et ce ne serait pas à l'ivresse seule de
» votre domestique que nous serions
» redevables du plaisir de vous voir en-

» core. — Mademoiselle, une circon-
» stance imprévue nous force quelquefois
» à nous éloigner des personnes qui nous
» plaisent le plus. — Oui, sans doute ;
» quand il y en a d'autres que nous som-
» mes pressés de revoir... et pour les-
» quelles nous oublions même la plus
» simple politesse. — Mon cher ami, je
» vous avais prévenu..... elle est fâchée
» contre vous! — Mon Dieu! mon oncle,
» que vous êtes désagréable aujour-
» d'hui ! »

M. Roquencourt rit et prend son thé ;
j'en fais autant. Caroline ne dit plus
rien, et ne tourne pas les yeux de mon
côté. L'oncle fait seul les frais de la conversation.

Au bout de quelques instants, Caroline lui dit : « Mon oncle, avez-vous en

» des nouvelles de madame Blémont? —
» Non, pas encore... — Elle a l'air fort
» distingué, cette dame; elle me plaît
» beaucoup. — Oui, elle a l'œil très-
» beau... Elle m'a rappelé mademoiselle
» Contat dans... — Mon oncle, est-ce
» qu'il ne serait pas convenable que vous
» allassiez vous-même vous informer
» comment elle a passé la nuit?—Moi!...
» Mais, ma chère amie... cette dame qui
» est seule... voudra-t-elle recevoir la vi-
» site d'un homme?...—Oh! mon oncle...
» vous êtes d'un âge où les visites ne ti-
» rent point à conséquence! — Qu'est-ce
» que vous dites donc, ma nièce? savez-
» vous bien que je suis un gaillard à faire
» encore des conquêtes? et si je vou-
» lais... — Mais je pense bien que vous
» ne voulez plus, mon cher oncle. Je
» vous en prie, montez chez cette dame...

» — J'y consens, mais je ne réponds pas
» des suites. »

L'oncle nous a quittés. Caroline se tourne alors de mon côté, et me dit avec un accent de sensibilité que je ne lui supposais pas : « Pourquoi partiez-vous » si vite, et sans me voir...... Je vous en » prie, dites-moi pourquoi. — Une af- » faire pressante me rappelait à Paris......
» — Je ne crois pas cela ; vous n'avez » reçu aucune lettre hier. Que vous avait- » on fait, pour provoquer ce brusque dé- » part ?..... Aurais-je dit quelque chose » qui vous ait fait de la peine ?... Je suis » quelquefois si folle, si étourdie..... — » Non, mademoiselle... bien loin de là... » Je suis confus de votre bonté... de votre » indulgence... — Ma bonté ! mon indul- » gence !.. on dirait qu'il parle à son pré- » cepteur !... Mais enfin pourquoi par-

» tiez-vous ? — Je ne puis vous le dire ;
» mademoiselle. — Ah ! monsieur a des
» secrets..... A la bonne heure ! j'aime
» mieux qu'on me dise cela !... Mais mon
» portrait..... Est-ce que vous comptiez
» l'emporter ? — Non, mademoiselle.....
» je vous l'aurais fait remettre. — Vous
» me l'auriez fait remettre... Mais il n'est
» pas fini ; il y manque encore beaucoup
» de choses. »

L'oncle revient en disant : « Cette
» dame n'était pas encore visible..... Je
» m'y attendais... Mais elle est fort sen-
» sible à notre attention, et se trouve un
» peu mieux ce matin. — Tant mieux !
» J'irai la voir. Dites-moi, mon oncle :
» quand retournons-nous à Paris ;
» — Quand ?... Pardieu ! la question est
» bonne... Je ne fais que ce qu'elle veut,
» et elle a l'air d'attendre mes volontés !

» Hum! bonne pièce!..... — Eh bien! il
» me semble que nous pourrions passer
» encore huit jours ici... Et si les affaires
» de M. Dalbreuse n'étaient pas si pres-
» santes, nous le prierions d'accepter
» une place dans notre voiture, et nous
» le ramenerions avec nous à Paris. Eh
» bien! monsieur, voulez-vous nous dire
» ce que vous pensez de la proposition.
» que mon oncle vous fait?..... — Oui,
» mon cher ami ; car, quoique ce soit
» toujours ma nièce qui arrange tout à
» sa fantaisie, il faut que j'aie l'air de l'a-
» voir décidé. Du reste, croyez que je se-
» rai très-flatté de vous avoir pour com-
» pagnon de voyage. »

Je ne sais que dire, que résoudre; il me semble que je devrais partir: cela me serait pourtant agréable de rester. Huit jours sont bien vite écoulés..... Je ne me trouverai pas avec madame Blémont, puisqu'elle reste chez elle, et elle-même m'a supplié de ne point m'éloigner.

Pendant que je fais ces réflexions, Caroline s'est rapprochée de moi. Enfin, elle me frappe légèrement sur l'épaule :

« Monsieur, quand vous voudrez..... » nous attendons votre réponse... — Ah! » pardon, mademoiselle... je réfléchissais » à..... — Reviendrez-vous avec nous ?... » — Je crains..... de vous gêner..... J'ai » quelqu'un avec moi..... — Votre Alle-» mand? Il y a un siége derrière la voi-» re. — Eh bien!... j'accepte, mademoi-» selle. — Ah!... c'est bien beau de votre » part! »

Mademoiselle Derbin redevient d'une humeur charmante. Elle arrange une promenade en calèche pour la journée; elle veut visiter plusieurs sites des environs, dont on lui a parlé. Il faut que nous soyons prêts dans une heure, elle nous quitte pour s'occuper de sa toilette; nous ne travaillerons pas au portrait aujourd'hui.

Caroline est un enfant gâté; on le voit à son ton volontaire, à ses impatiences lorsqu'on ne cède pas à ses caprices; mais elle est si aimable, si séduisante lorsqu'elle veut nous plaire, qu'il est vraiment difficile de lui résister. Je lui crois une âme aimante, sensible, exaltée peut-être; cet intérêt si vif qu'elle me témoigne m'inquiète quelquefois. Je crains qu'elle ne m'aime..... Je le crains, parce que cet amour ne pourrait la rendre heureuse; mais dans le fond de mon cœur j'en serais flatté,... enchanté, car notre amour-propre est toujours plus écouté que notre raison.

Pour me distraire de ces idées, je regarde le portrait de ma fille. Je lui demande pardon de ne pas retourner près d'elle sur-le-champ; mais je la sais avec Ernest et sa femme, je suis certain qu'elle est bien, et qu'ils lui parlent souvent de moi.

L'heure de la promenade est venue, je vais rejoindre mademoiselle Derbin et son oncle. Caroline a une toilette charmante, ses grands yeux bruns brillent d'un feu encore plus vif que de coutume; ils expriment le plaisir, le contentement.

« Me trouvez-vous bien ainsi, monsieur? » me dit-elle. « — Je vous trouve toujours bien, mademoiselle. — Est-ce vrai... Pensez-vous ce que vous dites là?... — Mais, sans doute... Je ne suis d'ailleurs que l'écho de tout le monde. — Je n'aime pas que l'on soit

» un écho; je ne vous demande pas ce
» que pensent les autres. Cela m'est bien
» indifférent. »

Nous allons partir, quand tout à coup Caroline s'écrie : « Ah!... si j'allais enga-
» ger madame Blémont à venir avec
» nous... — Vous savez bien qu'elle est
» malade, mademoiselle; elle vous refu-
» sera. — Une promenade en voiture ne
» peut que lui faire du bien... Je vais le
» lui demander... — Vous faites une dé-
» marche inutile, mademoiselle... —
» C'est ce que nous allons voir, mon-
» sieur. »

Elle ne m'écoute pas et nous quitte. Mais je suis tranquille; certainement Eugénie n'acceptera pas.

M. Roquencourt s'approche de moi; il me montre son gilet qui est en soie, fond blanc, avec des bouquets de cou-

leur, et coupé comme du temps de Louis XV, et me dit : « Comment trou-
» vez-vous ce gilet-là ? — Fort original. —
» Je l'ai mis pour faire M. de Crac. — Je le
» crois ; il devait être très-joli au théâtre.
» — Toutes les dames en raffolaient ;
» mais aussi je jouais bien joliment M. de
» Crac ; d'abord je gasconne comme si
» j'étais de Toulouse, et Dugazon m'a-
» vait donné quelques leçons pour ce
» rôle. Mon entrée était admirable :

Enfans, pétits laquais qué jé né logé pas,
Jé suis content : allez, jé pairai vos papas,
On né mé vit jamais prodigué dé louanges,
Mais ils ont rabattu commé des pétits anges.

M. Roquencourt peut bien réciter la pièce entière, si cela lui fait plaisir ; je ne l'écoute pas : j'attends avec impatience le retour de mademoiselle Derbin. Enfin elle revient, et seule comme je l'espérais; il y a sur sa figure plus que de la contrariété.

« Partons, messieurs, » nous dit-elle. « M. Dalbreuse avait deviné que ma dé-
» marche serait inutile : cette dame refuse
» de venir avec nous. »

Nous montons en voiture, et commençons notre promenade. Je voudrais bien savoir ce que ces dames se sont dit. Je n'ose questionner Caroline, elle m'en évite la peine, et me dit en me regardant fixement :

« M. Dalbreuse, est-ce que vous con-
» naissez madame Blémont? — Moi,...
» si je connais cette dame... Mais... non,
» mademoiselle. — Vous n'avez pas l'air
» d'en être bien sûr. — Pardonnez-moi.
» Mais pourquoi me faites-vous cette
» question? — C'est que cette dame n'a

» fait que me parler de vous pendant le
» peu de temps que j'ai été chez elle, me
» demandant s'il y avait long-temps que
» je vous connaissais... Si nous nous
» étions vus ailleurs... J'ai trouvé cela un
» peu curieux. Lorsque je lui ai dit que
» nous comptions retourner à Paris en-
» semble, elle a fait une mine... Ah! ah!
» c'est fort plaisant... Et vous ne l'aviez
» jamais vue à Paris? — Non, mademoi-
» selle. — Alors c'est que vous avez ap-
» paremment fait sa conquête hier au
» soir... N'est-ce pas mon oncle? — Ma
» chère amie, qu'est-ce que cela aurait
» d'extraordinaire? Moi, j'ai fait dix con-
» quêtes dans le rôle de Figaro... Il est
» vrai que mon costume cerise et blanc
» était bien élégant!... — Il paraît que
» M. Dalbreuse n'a pas besoin d'être en
» Figaro pour séduire les dames... J'a-

» voue que celle-là ne me plaît plus au-
» tant. Je l'ai bien regardée ce matin...
» Dieu! quelle maigreur!... quelle pâ-
» leur!... Décidément elle n'a jamais pu
» être bien jolie!... »

Je suis prêt à affirmer le contraire, mais je me contiens et me tais. Après une promenade de plusieurs heures, nous rentrons à l'hôtel; nous remarquons beaucoup de mouvement parmi les gens de la maison; une servante nous apprend qu'il est arrivé de nouveaux hôtes : deux lords avec leurs ladys, et un monsieur de Paris qui fait à lui seul autant d'embarras que quatre personnes. Caroline va sur-le-champ s'occuper de sa toilette, pour l'emporter sur les Anglaises, et peut-être aussi pour faire la conquête des Anglais et du Parisien. Je rentre dans mon appartement, je réfléchis à ce que mademoiselle Derbin m'a rapporté de sa conversation avec madame Blémont. Qu'importe à Eugénie ma liaison avec Caroline ou avec toute autre? Ne suis-je pas libre maintenant de disposer de mon cœur?... Mais les femmes ont tant d'amour-propre que, lors même qu'elles ne nous aiment plus, elles éprouvent du dépit de nous voir suivre leur exemple. Les hommes sont bien comme cela aussi.

Je me rends avec confiance à la réunion du soir, bien persuadé que madame Blémont n'a nulle envie d'y paraître.

Il y a beaucoup de monde au salon. Les Anglais y sont déjà, les deux Anglaises sont jeunes et jolies; leurs compagnons de voyage, j'ignore si ce sont leurs époux, ne s'occupent point d'elles et sont déjà enfoncés dans la politique avec l'Espagnol et quelques Français. Plusieurs jeunes gens font les galans près des deux étrangères ; je m'approche de mademoiselle Derbin, qui est presque délaissée pour les nouvelles arrivées, qui cependant ne la valent pas.

Je m'asseois près de Caroline, je vois avec plaisir qu'elle n'a point d'humeur de l'abandon de sa petite cour.

« Vous ne faites donc pas comme les » autres, » me dit-elle en souriant. « Vous » n'allez pas encenser les étrangères ? — » Je n'en ai nulle envie ; pourquoi chan- » ger quand on est bien ?... — Cela arrive » souvent cependant... — Hélas ! oui... » mais c'est qu'apparemment on peut » être bien et ne plus le sentir. — J'es- » père ne jamais penser ainsi, moi. »

Je ne sais comment il se fait qu'en ce moment la main de Caroline est sous la mienne. Elle ne la retire pas; nous restons long-temps ainsi sans nous occuper de ce qui se passe dans le salon. Cette main placée contre la mienne me rappelle pourtant Eugénie et l'époque où je lui faisais la cour. Ah! sans doute Caroline ne se doute pas que la pression de sa main me fait penser à une autre femme et que c'est là ce qui me rend rêveur. Mais on s'abuse bien souvent sur les sensations que l'on fait naître, et ce qui flatte notre amour-propre ne nous causerait quelquefois que du dépit si nous en connaissions la véritable cause.

Tout à coup la porte du salon est ouverte avec fracas; quelqu'un entre en parlant très-haut, en faisant beaucoup de bruit. Je me retourne; car chaque fois que l'on entre dans le salon, j'éprouve une secrète inquiétude.

« C'est sans doute le monsieur de Pa-
» ris, » dit Caroline. Je regarde le nouveau venu, qui est en train de saluer la
société... c'est Bélan !

Il s'est déjà retourné de notre côté; il
salue mademoiselle Derbin, et, malgré
les signes que je lui fais, s'écrie en me
voyant :

« Je ne me trompe pas !..... c'est Blé-
» mont !..... ce cher Blémont que je n'ai
» pas vu depuis deux ans !..... Eh ! mon
» cher ami, embrassons-nous donc !..... »

Il m'ouvre ses bras; je crois que je
l'étoufferais de bon cœur. Tous les yeux
se sont portés sur nous. Je ne puis cacher mon embarras, mon dépit. Bélan
me prend, me presse, m'embrasse malgré moi en criant encore : « — Ce pauvre
» Blémont !... Comme ça fait plaisir en
» voyage de rencontrer un ami !... n'est-

5*

» ce pas?...—Hum!... Que la peste vous...
» — Hein?..... comment?..... Il n'est pas
» encore revenu de sa surprise...»

Caroline, que le nom de Blémont a frappé, me regarde fixement, et dit à Bélan : «Mais, monsieur, ne vous trom-» pez-vous pas?... C'est à M. Dalbreuse » que vous parlez..... N'est-il pas vrai, » monsieur? Répondez donc! »

Je ne sais que dire. Bélan reprend : « — Il se nomme à présent Dalbreuse?... » Ma foi! mon cher ami, je ne vous ai » jamais connu sous ce nom-là... Mais je » devine... ah! le fripon!... c'est quand il » a quitté sa femme qu'il aura changé de » nom pour faire le garçon.—Sa femme!» s'écrie Caroline. — « Sa femme! » répètent plusieurs personnes.

« — Monsieur, » dis-je en réprimant avec peine ma colère, « qui vous a chargé

»de raconter des faits qui n'intéressent
»que moi?

»— Mon Dieu! mon cher Blémont, je
»ne pensais pas que ce fût un secret;
»et puis... je viens de rencontrer votre
»femme dans le jardin... à présent je
»vous trouve ici, moi : je crois que tout
»est fini... que vous vous êtes remis en-
»semble, et... — En voilà assez, mon-
»sieur. — Votre femme dans le jardin?...
»Quoi!... c'est votre femme?... » me dit
à demi-voix Caroline.

Je baisse les yeux. Je voudrais en ce
moment que la terre m'engloutît et me
dérobât à tous les regards; j'entends
dire de tous côtés : « C'est le mari de
»la dame malade!... »

Bélan, qui s'aperçoit de mon trouble
et de l'effet que ses paroles ont produit
dans le salon, me regarde d'un air bête

en murmurant : « Si ça vous fâche, je
» suis désolé de... mais je ne pouvais pas
» deviner; il fallait me prévenir. Vous
» devez savoir ce qui m'est arrivé, à moi?
» Parbleu! ce n'est pas un mystère! mon
» procès était, il y a quelques jours, dans
» la *Gazette des Tribunaux*... Je suis...
» oh! c'est fini, je suis... je ne veux pas
» lâcher le mot devant des dames. Et voyez
» mon malheur! le tribunal a trouvé qu'il
» n'y avait pas de preuves : il me con-
» damne à rester avec ma femme, et il ne
» veut pas que je sois cocu. Ah! mon
» Dieu! le mot m'est échappé!

» — Cocu! » répètent plusieurs jeunes
gens en riant. « Monsieur serait-il le
» sieur Ferdinand Bélan dont la *Gazette*
» *des Tribunaux* parlait récemment ? —
» C'est moi-même, messieurs; Julien-
» Ferdinand Bélan, voulant se séparer

» d'Armide-Constance-Fidelle de Beau-
» sire. On m'a condamné à garder ma
» femme, mais j'en appellerai. Je suis
» certain d'être cocu!... mes juges ont été
» influencés! »

On entoure Bélan, on le regarde en souriant, on le questionne. Cet incident fait qu'on ne s'occupe plus de moi. J'en profite; et, sans lever les yeux, sans remarquer l'état de Caroline, je sors vivement du salon.

Je monte chez moi. Je fais venir Pétermann; je lui ordonne de tout préparer pour notre départ. Je veux m'éloigner le plus promptement possible. Ah! que n'ai-je suivi mon idée hier! Si j'étais parti, j'aurais évité cette scène... et on ne saurait pas..... Mais je ne me retrouverai plus avec tous ces gens-là. Et Caroline... et son oncle... pour qui vais-je passer à leurs yeux?... pour un fourbe... un intrigant peut-être!... On a toujours mauvaise opinion de l'homme qui cache son nom. Maudit Bélan! quel funeste hasard l'a conduit près de moi!

Je descends payer mon hôtesse. Je veux retourner en poste à Paris. Je ne m'arrêterai plus en route, plus nulle part, de crainte de faire d'autres rencontres. L'hôtesse est désolée, dit-elle, de mon prompt départ; mais je paie et veux être servi.

En attendant que la chaise soit attelée, que les chevaux soient arrivés, je me promène avec agitation dans la cour de l'hôtel. Je ne veux pas entrer dans le jardin, de crainte d'y rencontrer madame Blémont, qui, dit-on, y est seule; je ne veux plus remonter dans la maison, car je crains aussi la rencontre de quelqu'un du salon. Je m'assieds sur un banc de pierre placé dans un coin de la cour. Il est nuit, et je ne dois pas être vu de la maison. Je m'abandonne à mes réflexions : il y a des personnes que je quitte à regret. Je cherche à me consoler en songeant que je vais me rapprocher de ma fille et la revoir bientôt.

Quelqu'un vient de passer devant moi... c'est une femme. Elle s'arrête... revient de mon côté... M'aurait-elle aperçu?... Oui... elle s'approche, et s'asseoit près de moi. C'est Caroline! Je ne puis voir l'expression de ses traits; mais, à l'altération de sa voix, à sa respiration courte et précipitée, je devine son agitation.

« Je vous cherchais, monsieur... je » désirais vous parler... — Moi-même, » mademoiselle, je souffrais de ne pou-

» voir vous faire mes adieux... Mais j'at-
» tends des chevaux, et je vais partir. —
» Vous partez !... je m'en doutais... Vous
» avez raison, monsieur, vous auriez
» même dû partir plus tôt... Je suis bien
» fâchée maintenant de vous avoir retenu
» ce matin. Ah! je conçois pourquoi vous
» vouliez fuir la présence de madame
» Blémont !... Il est donc vrai, monsieur,
» que vous êtes son mari? — Oui, ma-
» demoiselle. — Vous êtes marié... et
» vous nous le cachiez... et vous... Ah!
» votre conduite est affreuse !... Je vous
» hais, je vous déteste autant que... j'a-
» vais d'estime, d'amitié pour vous. Vous
» êtes marié !... Mais pourquoi donc ne
» me l'avoir pas dit, monsieur? — Ne
» vivant plus avec ma femme, il me sem-
» ble, mademoiselle, que j'étais libre de...
» — Libre... oui... Oh! sans doute... vous

» étiez libre..... Que vous importent les
» peines... les tourmens que vous pouvez
» causer à d'autres?... Vous vous en riez
» peut-être en secret... Je vois qu'on ne
» s'est pas trompé dans ce qu'on a dit de
» vous... Le portrait n'était pas flatteur
» cependant... Au reste, vous avez pu
» l'entendre hier... A-t-on dit vrai, mon-
» sieur? — Oui, mademoiselle. — Ainsi,
» sans raison, sans sujets légitimes, vous
» avez abandonné votre femme...— Oui,
» mademoiselle. — Et vous avez vu son
» état, ses souffrances... souffrances dont
» vous êtes l'auteur, et cela ne vous a pas
» touché! vous n'avez pas été vous jeter
» à ses pieds, lui demander pardon de
» vos torts!... Ah! vous êtes un mon-
» stre! »

Elle porte son mouchoir à ses yeux,
elle pleure, elle sanglote. Je ne puis que

soupirer et me taire. Enfin elle reprend :
« Il faut retourner avec votre femme, mon-
» sieur; c'est votre devoir... Ne le ferez-
» vous pas ?.. Rappelez-vous dans quel état
» l'a mise votre vue... Pauvre femme ! que
» j'étais loin de me douter...! Et cela ne
» vous donne pas de repentir de votre
» conduite ?... Mon Dieu !... votre cœur
» est donc insensible... Ah! je ne vous
» avais pas jugé ainsi... Mais, M. Dal-
» breuse... Ce nom... me revient seul à
» la mémoire: promettez-moi... jurez-
» moi que vous retournerez avec votre
» femme.

» — Non, mademoiselle; je ne puis
» vous faire une promesse que je n'ai
» pas l'intention de tenir... Nous sommes
» séparés pour jamais. — Pour jamais...
» En ce cas, monsieur, je dois vous dire
» adieu... et pour jamais aussi... Il ne me

» conviendrait plus de revoir un homme
» qui s'est donné pour ce qu'il n'était
» pas... qui n'a pas eu assez de confiance
» en moi pour me dire... Mais, au fait,
» que m'aurait-il dit?... qu'il avait aban-
» donné sa femme et ses enfans... Oh!
» non... cette confidence m'aurait indi-
» gnée contre lui!... Il valait bien mieux
» être aimable... chercher à plaire... ca-
» cher que l'on fût engagé pour la vie...
» car voilà votre conduite avec moi!...
» Et pourtant, monsieur, si je vous avais
» aimé... si je m'étais laissée séduire par
» ces dehors trompeurs, vous auriez
» donc fait aussi mon malheur à moi?...
» Eh bien!... répondez donc, monsieur.
» — Il me semble, mademoiselle, que
» je ne vous ai jamais dit un mot qui pût
» vous faire croire... — Non... en effet...
» vous ne m'avez rien dit... Je suis une

» coquette, une insensée... Oh! non,
» vous n'avez jamais désiré me plaire.....
» Mais vous avez mon portrait, mon-
» sieur; il me semble qu'il est au moins
» inutile que vous le gardiez : car j'es-
» père que nous ne nous reverrons
» jamais ! — Le voilà, mademoiselle... Je
» comptais vous le renvoyer à la pre-
» mière poste... »

Caroline prend ou plutôt m'arrache le portrait des mains; en ce moment une servante m'appelle, et Pétermann me crie que les chevaux sont là.

Je me lève. Caroline en fait autant; mais au premier pas que je fais, elle me saisit le bras en me disant d'une voix suppliante : « Monsieur, je ne puis
» croire que votre cœur soit sourd aux
» noms d'époux et de père... Votre dé-
» part va peut-être causer la mort de

» celle qui sans doute n'est venue en ces
» lieux que dans l'espoir de se réunir à
» vous. Ah! ne trompez pas son espé-
» rance... Rendez-lui un époux, rendez
» un père à vos enfans... Tous les plaisirs
» que vous allez chercher vaudront-ils
» ceux qui vous attendent près de cette
» épouse qui vous adore...: car elle vous
» adore, j'en suis certaine, et elle vous
» pardonnera..... Songez qu'elle est là.....
» dans ce jardin...: Elle vous entend peut-
» être... Tenez... cette ombre blanche
» que je distingue près de l'entrée du
» jardin... »

En effet, malgré l'obscurité, je crois apercevoir une femme. Aussitôt je me dégage, je m'éloigne de Caroline, je cours, je me jette dans la voiture qui m'attend; Pétermann en fait autant, et nous partons.

CHAPITRE IV.

LES ENFANS.

Nous faisons la route sans arrêter. Plus je m'éloigne d'Eugénie, plus je me sens soulagé. Je ne conçois pas maintenant comment j'avais pu consentir à rester dans les lieux qu'elle habite. Mademoiselle Derbin avait donc bien de l'empire sur moi pour me faire oublier toutes mes résolutions... En serais-je venu au point de me trouver sans émotion en présence de madame Blémont? Oh! non, cela ne sera jamais. Quand elle me bravait, j'étais indigné; maintenant qu'elle semble souffrir, je suis encore plus embarrassé devant elle.

Nous arrivons à Paris. En descendant de la chaise, ce pauvre Pétermann ne peut plus marcher, son pantalon est collé à son postérieur, et, malgré tous ses efforts pour cacher ses souffrances, il fait des grimaces qui me feraient rire si j'étais moins pressé d'arriver chez Ernest. Je prends une voiture, j'aide mon compagnon à monter dedans; il s'asseoit devant moi en criant: « Ah!
» prout!... ça peut s'appeler aller bon
» train: deux postes de plus et mon *in-*
» *civil* était cuit. »

Je vais revoir ma fille, l'embrasser à mon aise. Ah! que ce cocher est lent!

que ses chevaux vont mal ! Nous arrivons enfin devant la demeure de Firmin; je saute hors de la voiture, avant que Pétermann ait pu se bouger.

Nouvelle contrariété : Firmin et sa femme sont à Saint-Mandé, où ils ont acheté une petite maison; ils y passent toute la belle saison. Il faut donc aller à Saint-Mandé. Je me fais bien donner l'adresse, je remonte en voiture, et nous partons, au grand désespoir de Pétermann qui s'était levé et ne sait plus comment s'asseoir.

Heureusement Saint-Mandé n'est pas loin de Paris. Arrivé dans le village, je descends de voiture, car j'irai plus vite à pied; je cours en avant, je vois la maison que l'on m'a indiquée : deux étages, des persiennes grises, une porte grillée, le jardin au fond. C'est bien cela.

Je sonne ou plutôt je carillonne. Une domestique vient m'ouvrir.

« M. Firmin ? — C'est ici, monsieur. »

Je n'en demande pas davantage, je monte le premier escalier que je vois devant moi, je n'écoute pas la bonne qui me crie : « Monsieur travaille et » il ne veut pas qu'on le dérange. » Je suis persuadé qu'Ernest me pardonnera si je l'interromps au milieu d'une scène ou d'un couplet.

J'arrive au premier, je traverse plusieurs pièces ; enfin je trouve mon auteur... Il va se plaindre d'être dérangé... Mais, en me reconnaissant, il jette la plume et vient m'embrasser.

« Vous voilà de retour enfin, mon
» cher Henri ; nous vous attendions tous
» les jours. — Oui, me voilà, mon ami,
» et bien empressé de revoir ma fille,

» —Elle est ici. Votre... votre fem... ma-
» dame Blémont nous l'a confiée. — Je
» le sais. — Vous savez cela?... Moi
» qui espérais vous surprendre!... Qui
» donc vous a dit?... — Eugénie elle-
» même.—Vous l'avez vue?—Au Mont-
» d'Or. Je vous conterai tout cela. Mais,
» de grâce, où est Henriette? —Tous les
» enfans sont avec ma femme dans le
» jardin.—Venez... conduisez-moi. Mais,
» je vous en prie, ne lui dites rien : je
» veux voir si elle me reconnaîtra; à
» l'âge qu'elle avait on oublie si vite!...
» — Mon ami, il n'y a pas que les en-
» fans qui oublient vite!... Je suis cer-
» tain que votre fille vous reconnaîtra. »

Nous descendons au jardin ; le cœur
me bat de plaisir. Au bout d'une allée,
j'aperçois madame Firmin assise sur
un banc de verdure; un peu plus loin

est un gazon sur lequel jouent quatre enfans. Mes yeux ne cherchent que ma fille, et je l'ai déjà reconnue. Elle est grandie, mais elle a peu changé.

Les enfans sont tout à leurs jeux, ils ne nous ont pas entendus venir. Marguerite nous aperçoit; en me reconnaissant elle fait un mouvement pour venir à nous. Je lui fais signe de rester et de se taire.

J'arrive jusqu'au banc de gazon : je me glisse derrière madame Ernest, un buisson de lilas me cache aux enfans. Alors seulement j'appelle Henriette à haute voix.

Elle lève la tête, regarde autour d'elle avec étonnement en disant : « Qui donc » m'a appelée ?... Ce n'est pas toi... n'est-» ce pas, ma bonne amie ?

» — Non, » dit Marguerite, « mais

» c'est peut-être mon mari, puisque le
» voilà. — Oh ! non... ce n'était pas sa
» voix... C'est drôle !... c'était une voix
» que je connaissais. »

J'appelle de nouveau sans me montrer. Henriette paraît frappée; elle rougit, elle est émue; elle regarde de tous côtés, en s'écriant : « Ah !... on dirait
» que c'est la voix de papa !... »

Je n'y tiens plus, je sors de derrière le buisson; Henriette me voit, pousse un cri et s'élance dans mes bras en répétant : « Ah ! c'est mon papa !... »

Chère enfant ! que j'éprouve de bonheur en te pressant dans mes bras !... Comment ai-je pu tarder si long-temps à revenir !... Je vais m'asseoir près de madame Ernest; je prends ma fille sur mes genoux, en lui disant : « Tu m'as
» donc reconnu ? — Oh ! oui, papa; j'a-

» vais bien reconnu la voix aussi. — Tu
» pensais quelquefois à moi? — Oui,
» papa, et je disais que tu étais bien
» long-temps à revenir. — Ma chère
» fille!... Ah! je ne te quitterai plus à
» présent. »

Les deux enfans d'Ernest ont quitté
leurs jeux, et se sont approchés pour me
voir. Un petit garçon, de trois ans environ, est resté seul assis sur le gazon ;
il nous regarde d'un air craintif; ma
fille quitte subitement mes genoux et
court au petit garçon, elle lui prend la
main et me l'amène, en lui disant : « Eh
» bien! Eugène, viens donc embrasser
» papa. »

J'avais deviné que c'était lui. Je l'exa-
mine : il a de jolis cheveux châtains, de
beaux yeux, un teint rosé, un air doux;
il ressemble beaucoup à Eugénie. C'est

tout ce que je puis trouver dans ses traits.

Sans doute mon front est devenu sévère, car l'enfant semble craindre d'avancer. Cependant je ne puis m'empêcher de sourire lorsqu'il me dit, avec un sérieux comique : « Bonjour, mon papa. »

Je l'embrasse sur la joue, mais en soupirant et le cœur serré. Puis je le laisse, et il retourne bien vite sur le gazon. On dirait que le pauvre petit s'aperçoit que c'est contre mon gré que je lui ai fait une caresse.

Je reprends ma fille sur mes genoux : elle saute, elle frappe des mains avec joie, en s'écriant : « A présent, quand
» maman sera revenue, je serai bien
» contente; elle reviendra bientôt? n'est-
» ce pas, papa?... Pourquoi ne l'as-tu pas

» ramenée? En partant elle m'avait dit
» qu'elle allait te chercher.»

Je baisse les yeux et ne réponds pas.
Ernest me dit tout bas : « Mon ami,
» vous nous avez défendu de vous par-
» ler de votre femme... mais maintenant
» il faut pourtant vous attendre à ce
» qu'on vous en parle souvent... Vous
» ne voudriez pas que votre fille cessât
» de penser à sa mère? — Non, sans
» doute... maintenant, d'ailleurs, je suis
» plus raisonnable qu'autrefois... mais je
» suis curieux de savoir... Henriette, va
» jouer avec tes petits amis... »

Ma fille va rejoindre son frère et les
enfans d'Ernest. Je m'asseois entre Marguerite et Firmin, et leur dis : « Contez-
» moi ce qui s'est passé depuis mon dé-
» part, et par quel hasard on vous a
» confié ma fille. — Oui, nous allons

»vous conter cela, » dit Marguerite. « Mais d'abord... dis donc, Ernest : lui » as-tu appris...? hein ?... »

Ernest sourit et se tait. « — Qu'est-ce » donc? » dis-je à mon tour.

« — Nous sommes mariés ! » s'écrie Marguerite en sautant sur le banc. « C'est fini... depuis trois mois... Ah ! je » n'ai pas peur qu'il me quitte à présent... » je suis sa femme. »

Marguerite court prendre Ernest par la tête et l'embrasse ; celui-ci se dégage en lui disant : « Finis donc !... tu me chif- » fonnes !... — Voyez-vous, M. Henri, il » n'est déjà plus si aimable... Oh ! c'est » pour rire que je dis cela !

» — Mes chers amis, vous avez bien » fait de vous marier puisque cela vous a » convenu. Je ne crois pas que vous serez

»plus heureux que vous l'étiez, mais
»j'espère que vous le serez autant...
»vous avez des garanties de bonheur. »

J'embrasse Marguerite, je presse la main d'Ernest, qui me dit : « C'est assez » vous occuper de nous, venons à ce qui » vous regarde.

» Lorsque vous fûtes parti, je désirai
»connaître la conduite que tenait ma-
»dame Blémont. Mais elle ne se montrait
»plus que rarement dans le monde; et
»cependant (car vous savez comme le
»monde est juste) on la plaignait, on
»faisait son éloge, et on vous blâmait de
»l'avoir abandonnée. Un soir elle vint à
»une grande soirée où j'étais. Sa toilette
»était toujours recherchée; mais je la
»trouvai pâlie, changée. Je m'aperçus que
» sa gaîté était forcée et qu'elle retom-
» bait à chaque instant dans une sombre

6*

» rêverie, dont elle ne sortait qu'avec
» peine.

» Vous savez quels sentimens m'inspi-
» rait madame Blémont. Seul, dans le
» monde, je portais sur elle un regard
» plus que sévère, et je suis persuadé
» qu'elle devinait que j'étais le seul à qui
» vous aviez confié vos peines ; aussi ma
» présence faisait-elle toujours sur elle
» un effet magique : elle cessait de par-
» ler ; il semblait que devant moi elle
» n'osait même plus affecter d'être gaie.

» Bélan vint à cette réunion avec sa
» femme et sa belle-mère. J'ignore si ce
» fût par méchanceté ou bêtise, mais en
» me voyant il me dit : — « Eh bien ! ce
» pauvre Blémont a donc manqué mou-
» rir ?... Il a été renversé au bois de Bou-
» logne par une cavalcade. J'ai su cela

»par un jeune homme qui a aidé à le
»ramasser. »

»Votre femme se trouvait alors der-
»rière nous. Je la regardai; je rencon-
»trai ses yeux attachés sur les miens avec
»une expression que je ne saurais ren-
»dre... ils semblaient me supplier de
»l'entendre. Je me hâtai de m'éloigner,
»de quitter la réunion. Le lendemain,
»à sept heures du matin, votre femme
»était chez moi. — Chez vous! — Jugez
»de ma surprise en la voyant entrer
»dans mon cabinet, pâle, tremblante et
»se soutenant à peine. — « Monsieur, »
me dit-elle, « je suis persuadée que vous
»connaissez tous mes torts envers M. Blé-
»mont; j'ai lu dans vos yeux le mépris
»que je vous inspire, et il m'a fallu beau-
»coup de courage pour oser me présen-
»ter chez vous; mais ce que j'ai entendu

» hier ne m'a pas laissé un moment de
» repos. M. Blémont a été blessé au bois
» de Boulogne par des gens à cheval... je
» me rappelle fort bien y avoir passé près
» de lui... aurais-je, sans m'en douter, été
» cause de cet accident?... ai-je encore ce
» crime à me reprocher?... la santé de
» M. Blémont ne serait-elle pas rétablie?
» De grâce, monsieur, ayez pitié de mon
» inquiétude et ne me cachez rien.

» J'appris à votre femme comment
» l'accident vous était arrivé. Elle ne
» put douter qu'elle en était la première
» cause. Elle m'écouta sans parler, elle
» semblait attérée : je crus devoir profi-
» ter de ce moment pour lui faire con-
» naître l'éloignement que vous éprou-
» viez pour votre fils, votre intention de
» ne point le voir, et je terminai en lui
» présentant l'agenda que vous m'aviez

» remis et qui renfermait son portrait. En
» l'apercevant un cri de désespoir lui
» échappa et elle tomba privée de sen-
» timent. Marguerite arriva, je la con-
» fiai à ses soins. C'est elle maintenant
» qui va terminer mon récit.

» Mon Dieu! j'aurai bientôt achevé, »
dit Marguerite. « Je trouvai cette pauvre
» dame sans connaissance; je la secou-
» rus : mais lorsqu'elle revint à elle, un
» affreux désespoir l'agitait, elle voulait
» mourir, elle voulait attenter à ses
» jours. Elle vous appelait ainsi que ses
» enfans et se donnait les noms les plus
» odieux... Ah! si vous l'aviez vue alors,
» je suis certain que vous en auriez eu
» pitié : quant à moi, comme je m'aper-
» çus qu'elle avait la fièvre et que par-
» fois sa raison s'égarait, je ne voulus pas
» la laisser revenir seule chez elle, je la

» reconduisis, puis ensuite je fis deman-
» der à mon mari la permission de
» rester près d'elle jusqu'à ce qu'elle fût
» mieux, et mon mari le voulut bien.

» — Ah! madame, que votre cœur est
» bon... vous avez oublié la manière
» dont elle s'est conduite avec vous...
» — Ah! depuis long-temps, je vous jure.
» Dans ce monde, il faut, je crois, savoir
» oublier beaucoup et pardonner sou-
» vent. Madame Blémont, dans les in-
» tervalles de sa fièvre, me regardait et me
» serrait la main sans parler. Lorsqu'elle
» fut tout-à-fait mieux, elle me remercia
» de ce que j'avais eu soin d'elle; comme
» si ce que j'avais fait n'était pas tout
» naturel; elle me demanda pardon
» du mal qu'elle avait pensé de moi...
» Oh! je lui pardonnai de bon cœur.
» Elle m'avoua que je lui avais toujours

» inspiré beaucoup de jalousie : je la
» grondai de vous avoir soupçonné ; je
» lui appris que c'était d'elle que vous
» veniez nous parler dans ma petite
» chambre : elle pleurait en m'écoutant.
» Mais elle pleura encore plus fort en
» me racontant sa faute... et moi je ver-
» sais aussi des larmes pendant son récit,
» car je vis qu'elle vous avait toujours
» aimé, et que sans une folle jalousie, le
» dépit, les mauvais conseils... — Enfin,
» madame... — Enfin elle me dit qu'elle
» se repentait de vous avoir refusé votre
» fille, et que, malgré tout le chagrin
» qu'elle éprouverait à se séparer d'elle,
» elle était décidée à satisfaire vos moin-
» dres volontés. Elle me pria de vouloir
» bien me charger de votre petite Hen-
» riette jusqu'à votre retour. Vous pensez
» bien que j'acceptai. Elle me recom-

» manda aussi votre fils... Oui, votre
» fils, et elle répéta plusieurs fois ce mot.
» Elle me dit qu'elle allait vivre au fond
» d'une retraite et s'exiler pour toujours
» de la société... — En effet, » dit Ernest, « elle abandonna entièrement le
» genre de vie qu'elle menait auparavant;
» elle vécut dans la solitude la plus ab-
» solue. Seulement, nous avons appris,
» il a quelques jours, qu'elle était allée
» prendre les eaux du Mont-d'Or, parce
» que, sa santé étant fort altérée, son
» médecin lui avait ordonné ce voyage.
» Voilà ce qui s'est passé, mon cher
» Henri. En vous faisant ce récit nous
» n'avons pas cherché à vous attendrir
» par le tableau du repentir de votre
» femme, quoique nous jugions ce re-
» pentir sincère... Nous savons que sa
» faute n'est pas de celles qu'un mari

» puisse oublier... surtout lorsqu'il ai-
» mait sa femme... comme vous aimiez la
» vôtre; cependant sans oublier, on par-
» donne quelquefois: dans le monde, il y
» a beaucoup de femmes plus coupables!..
» et nous ne pouvons nous empêcher de
» plaindre madame Blémont et de gémir
» sur l'avenir de vos enfans.

» — Mes chers amis, » dis-je en prenant la main d'Ernest et de Marguerite,
« lorsque je partis il y a deux ans, votre
» seul désir était que j'oubliasse à jamais
» une épouse coupable; vous aviez été
» témoins de mon désespoir, des souf-
» frances de mon cœur, et alors vous
» étiez peut-être plus irrités que moi
» contre l'auteur de tous mes maux.
» Aujourd'hui, la vue d'Eugénie en lar-
» mes... de ses remords... que je veux
» bien croire sincères, vous ont émus,

»attendris... Vous voudriez m'amener à
»pardonner; ne l'espérez pas. Si deux
»ans d'absence ont un peu cicatrisé les
»blessures de mon cœur, ne pensez pas
»pour cela qu'il puisse jamais oublier le
»coup dont il a été frappé!.. Lors même
»que je pardonnerais à celle qui a dé-
»truit mon bonheur, ce bonheur ne
»renaîtrait pas, sa présence me serait
»toujours pénible, jamais je ne pourrais
»la presser dans mes bras sans me rap-
»peler qu'un autre eut aussi ses caresses:
»une telle existence serait un supplice
»continuel; je ne m'y condamnerai pas.
»Je ne puis à ce prix rendre une mère
»à ma fille; je crois avoir fait assez en
»lui conservant l'honneur. Ne revenons
»donc jamais sur ce sujet. Quant au
»petit Eugène... je ferai mon devoir. Si
»je n'ai pas pour lui le cœur d'un père...

» c'est qu'il faudrait... je ne sais quelle
» lumière pour effacer de mon esprit les
» soupçons qui s'y sont introduits. Ah! je
» suis assez à plaindre de n'oser aimer
» celui que je nommais mon fils. »

Ernest et Marguerite se regardent tristement, mais ne trouvent rien à me répondre. Je me lève, je songe à Pétermann que j'ai laissé dans le fiacre.

« Votre maison me paraît charmante :
» pourrez-vous m'y donner une cham-
» bre? » dis-je à Ernest. « — Elle est toute
» prête et vous attend depuis quinze jours.
» — Fort bien, mais ici je n'ai pas besoin
» de Pétermann : ai-je toujours mon loge-
» ment à Paris? — Oui; je n'ai pas voulu
» le relouer le terme dernier, parce que
» je vous attendais. — En ce cas Péter-
» mann va s'y rendre; moi, puisque vous
» me le permettez, je me mets en pension

» chez vous... j'irai le moins possible à
» Paris. — Nous tâcherons de vous ren-
» dre cette demeure agréable. — J'y ai
» ma fille et de vrais amis; je m'y plai-
» rai. »

Petermann était encore assis dans le
fiacre qui attendait devant la maison. Je
lui apprends qu'il doit retourner dans
mon logement à Paris, s'y installer et
se tenir toujours prêt à m'apporter à
Saint-Mandé ce dont j'aurai besoin. Pétermann s'incline, et repart en disant :
« Je suis bien content de ne pas m'être
» décollé de dedans la voiture. »

Ernest et Marguerite me conduisent à
la chambre qu'ils m'ont destinée. Elle
donne sur le jardin je la trouve fort à mon
goût, surtout lorsque l'on me montre au
bout du corridor, en face, la chambre où

couchent Henriette et son frère: je suis bien aise de pouvoir, dès que je m'éveillerai, et sans déranger personne, aller embrasser ma fille.

Il ne reste plus qu'à me faire voir la maison. C'est un plaisir pour un propriétaire; Ernest et sa femme s'en acquittent avec joie. La maison n'est pas grande; mais elle est gentille et commode. D'ailleurs, Ernest est vraiment poëte; il n'a point d'ambition. Il s'ennuierait dans un palais, et il est de l'avis de Socrate. Quant à Marguerite, elle se croit dans un château; elle ne peut se lasser de dire: « *Notre propriété.* » Mais elle ajoute bien vite : « Ah! quand je demeurais dans ma
» petite chambre, sous les toits, je ne
» me doutais guère que j'aurais un jour
» une maison. » Et moi, je lui réponds :
« On est digne d'avoir une maison, ma-

» dame, quand cela ne fait pas oublier
» qu'on a habité sous les toits. »

Il ne me reste plus à voir que le jardin. Il est passablement grand, et il a au fond une sortie sur le bois de Vincennes. Au bout du mur, j'aperçois un petit pavillon, ayant deux fenêtres; dont l'une donne sur le bois; elles sont toutes deux fermées par des volets.

« Que faites-vous de ce pavillon? » dis-je à Ernest. « — Je compte..... Je le
» destine à un cabinet de travail... — En
» effet, vous y serez tranquille pour tra-
» vailler. — Mais il n'est pas encore dis-
» posé pour cela, » dit Marguerite; « et
» comme nous avons déjà fait beaucoup
» de dépenses dans notre propriété, nous
» attendrons pour faire arranger ce pa-
» villon..... n'est-ce pas, mon mari? —
» Oui, ma femme. »

Ernest sourit en disant cela ; j'en fais autant parce que madame Ernest appuie sur ce mot : *mon mari*, qu'elle prononce à chaque instant, comme pour se dédommager du temps où elle n'osait pas le dire.

J'ai pris ma fille par la main pour parcourir le jardin. Henriette a sept ans; elle n'est pas très-grande, mais son esprit et sa raison m'étonnent. Toute la soirée je la fais causer; ses réponses me charment, car elles dénotent déjà autant de sens que de bonté. Je ne me lasse pas de la regarder, de l'entendre. Je me suis plus d'une fois ennuyé dans un cercle élégant, mais je suis bien sûr que je ne m'ennuierai jamais avec ma fille.

Les jours s'écoulent vite dans la demeure d'Ernest. La peinture, la lecture, des promenades avec ma fille, remplissent la journée. Le soir en cause, il vient quelques amis, quelques voisins; mais sans toilette, sans prétention; les hommes en casquettes, en blouses; les dames en tablier : c'est ainsi qu'il faut être à la campagne. Ceux qui apportent aux champs les modes et l'étiquette de la ville, ne connaîtront jamais des plaisirs de la campagne.

J'ai déjà passé quinze jours à Saint-Mandé, et je n'ai pas eu une seule fois le désir d'aller à Paris. Pétermann m'apporte tout ce que je désire, et fait mes commissions avec exactitude. Je lui demande toujours s'il ne m'est venu aucune visite; cependant je n'en attends pas. Dans le monde, on ne sait pas seulement si je suis revenu de mes voyages. M. Roquencourt et sa nièce ignorent mon adresse à Paris; et quand même ils la sauraient, je ne dois plus attendre leur visite. Sans doute, Caroline ne pense plus à moi... Elle fait bien. Moi, j'avoue que je pense assez souvent à elle, et quelquefois je regrette de lui avoir rendu son portrait... Mais un sourire, une parole de ma fille dissipent ces idées-là.

Il y a encore une personne à laquelle je pense souvent, quoique Ernest et sa femme ne m'en parlent plus. Mais moi, je la vois pâle, changée, telle que je l'ai laissée au Mont-d'Or; et la nuit, dans le bois, dans le jardin, je crois quelquefois distinguer encore cette ombre blanche, dont l'aspect m'a fait fuir si précipitamment de l'auberge que j'habitais.

Comment oublierais-je Eugénie? Ma fille ne me parle-t-elle pas tous les jours de sa mère? ne me demande-t-elle pas si elle va bientôt revenir? Je cherche en vain à éviter ce sujet; Henriette y revient sans cesse; je n'ose lui dire qu'elle me chagrine en me parlant de sa mère; mais puis-je donc espérer encore un bonheur parfait? N'y a-t-il pas ici quelqu'un dont la présence m'empêcherait toujours d'oublier le passé.

Pauvre enfant! ce n'est pas sa faute à lui, si sa mère fut coupable! C'est ce que je me dis chaque jour en le voyant; malgré cela, je ne puis prendre sur moi, et cacher la tristesse que me cause sa présence. Je ne le hais pas, et je sens que je l'aimerais à la folie si j'osais le croire mon fils; mais ces cruels soupçons font plus de mal que la certitude du mal même, car alors je prendrais un parti relativement à Eugène, tandis que je ne sais à quoi m'arrêter.

Le pauvre petit ne m'a jamais vu lui

sourire: aussi se tient-il toujours éloigné de moi; jamais il ne m'approche que lorsque sa sœur me l'amène. Quelquefois, en me promenant dans les jardins, j'aperçois de loin Eugène qui joue avec les enfans d'Ernest. Alors je m'arrête, et, me plaçant derrière une charmille, je reste long-temps à le regarder. Je passerais des heures ainsi! Il ne me voit pas, et il se livre sans réserve à la gaité de son âge, que ma présence semble toujours comprimer. Il me craint, sans doute, et il ne m'aimera pas. Souvent cette pensée m'afflige..... Alors, il me prend des envies de courir l'embrasser, de l'accabler de caresses; car je me dis: Si c'était mon fils..... Mais bientôt l'idée cruelle revient, mon cœur se glace, et je m'éloigne précipitamment de l'enfant.

Ma fille s'est aperçue que je ne caressais pas son frère comme elle ; car une fille de sept ans fait déjà ses petites remarques, et les enfans sont plus observateurs qu'on ne pense. Henriette, qui se croit une femme à côté de son frère, parce qu'elle a quatre ans de plus que lui, semble avoir pris le petit Eugène sous sa protection ; elle le fait jouer, le gronde, le punit ou le récompense ; enfin elle fait avec lui la petite maman. Mais lorsque j'appelle Henriette, je n'appelle pas Eugène ; quand je la prends sur mes genoux, je n'y prends pas son frère : ma fille, qui a observé tout cela, me dit un matin pendant que je l'embrasse : « Mais, papa, est-ce que tu n'ai-
» mes pas mon frère?... tu ne l'embrasses
» jamais... tu ne lui parles jamais... Il est
» pourtant bien gentil ! Il t'aime bien

» aussi, mon frère; pourquoi donc ne le
» prends-tu pas dans tes bras?... — Ma
» bonne amie, c'est parce qu'on ne
» traite pas un garçon de même qu'une
» fille. — Ah! on n'embrasse pas les pe-
» tits garçons? — Rarement. — Mais,
» papa, M. Ernest embrasse pourtant
» son petit garçon aussi souvent que sa
» fille, lui. »

Je ne sais que répondre; les enfans nous embarrassent souvent lorsque nous voulons leur cacher quelque chose; mademoiselle Henriette, qui s'aperçoit que je ne sais plus que lui dire, s'écrie: « Ah!... si tu n'aimais pas mon frère, ce » serait bien vilain!... »

Pour éviter les remarques et les questions de ma fille, je me promets de moins l'embrasser dans la journée. Cependant, comme je veux m'en dédommager, tous les matins, en me levant, je me rends dans la chambre des enfans. Ils sont encore endormis, quand je vais les voir. Le berceau d'Eugène est près d'une croisée, le petit lit d'Henriette est au fond de la chambre et entouré de rideaux, que j'écarte avec précaution pour ne pas l'éveiller. Je ne vais jamais au berceau, je m'éloigne doucement et sans faire de bruit lorsque j'ai embrassé ma fille.

Il y a plusieurs jours que je me conduis ainsi. Henriette ne me parle plus de son frère, mais elle me regarde en dessous d'un air malin; il semblerait qu'il y a déjà des projets dans cette petite tête-là.

Un matin, je me rends comme à l'ordinaire dans la chambre des enfans; je viens d'entr'ouvrir les rideaux et d'embrasser ma fille ; je vais m'éloigner sur la pointe du pied, lorsque j'entends rire aux éclats derrière moi ; je me retourne... je vois Henriette, en chemise, blottie derrière un fauteuil ; elle sort de sa cachette, et vient sauter et danser dans la chambre, en s'écriant : « Ah ! je savais » bien que je te ferais embrasser mon » frère. »

Je la regarde avec surprise, puis je cours écarter les rideaux de son lit... c'est son frère qui est couché dedans... son frère auquel elle a mis son petit bonnet, et qui a la figure tournée vers le mur. C'est lui que j'ai embrassé !... parce que sa sœur l'a mis à cette place. Je me sens ému, attendri... en ce moment la petite voix d'Eugène se fait entendre ; il crie sans bouger de place et sans se retourner :

« Ma sœur... faut-il que je remue à
» présent ? — Oui, oui, c'est fini, » répond Henriette.

« Comment ?... que veut-il dire par là ? »
dis-je à mon tour. « —Ah ! papa, c'est qu'il
» ne dormait pas, il faisait semblant, je
» lui avais tourné la tête du côté du mur,
» et je lui avais dit : Si tu remues, si tu
» tournes la tête, papa te reconnaîtra,
» et ne t'embrassera pas. Tu vois qu'il a
» été bien sage : il n'a pas remué du
» tout. »

Je n'y tiens plus ; je prends Eugène
dans mes bras, je le couvre de baisers,
ainsi que sa sœur, en m'écriant : « Désormais, vous recevrez de moi les mêmes caresses : mon cœur ne vous séparera plus, vous serez également mes
» enfans. Ah ! il vaut encore mieux aimer un étranger, que de s'exposer à
» repousser son fils de ses bras. »

CHAPITRE V.

LE MARIEUR.

ERNEST et sa femme s'aperçoivent bien vite du changement qui s'est opéré dans mes manières avec mon fils; ils en paraissent enchantés. Je leur conte ce qu'a fait Henriette, je leur apprends que c'est à elle qu'est dû ce changement. Ils la comblent de caresses; et moi j'en fais autant, car je lui dois d'être bien plus heureux.

En arrivant un jour de Paris, d'où il apporte des livres pour moi et des jouets pour les enfans, Pétermann reste debout devant moi : c'est son usage lorsqu'il veut me dire quelque chose : il attend que je l'interroge ; je suis maintenant au fait de cela.

« Qu'est-ce qu'il y a de nouveau, Pé-
» termann ? — Rien, monsieur; si ce n'est
» qu'en venant ici, ce matin, j'ai fait
» une rencontre. — Une rencontre... est-
» ce que cela me regarde ? — Oui... ce
» sont des connaissances de monsieur...
» des personnes qui étaient au Mont-d'Or
» en même temps que nous ; cette jeune
» dame bien faite, jolie : et ce petit mon-
» sieur maigre, vif, jovial. — M. Ro-
» quencourt et sa nièce ? — C'est ça
» même. — Vous les avez vus ? — Sur le
» boulevard; comme je gagnais le fau-

»bourg Saint-Antoine. — Ce n'est pas
» vous qui leur avez parlé d'abord, je
» pense?—Ah! prout!... est-ce que j'au-
» rais été m'aviser de ça?... je ne les
» voyais même pas... Tout à coup, je me
» sens frappé tout doucement sur l'é-
» paule... je me retourne : c'était l'oncle ;
» il était hors d'haleine : sa nièce était
» plus loin en arrière. Il me dit d'abord :
« Mon ami, vous marchez terriblement
» vite !... ouf ! vous m'avez fait courir. »
» Moi, je lui réponds : Dame, monsieur!
» je ne savais pas que vous me suiviez.
» Alors sa nièce nous rejoint. Il paraît
» qu'elle est toujours curieuse, la jeune
» personne ; vous vous rappelez, mon-
» sieur, qu'au Mont-d'Or, elle m'avait
» déjà fait des questions. — Eh bien, que
» vous a-t-elle demandé?—D'abord
» des nouvelles de monsieur ; puis,

» comme je portais un paquet, elle me
» dit : — Où allez-vous donc avec cela ?
» A Saint-Mandé, mademoiselle. — Est-
» ce que monsieur Dalbreuse demeure à
» Saint-Mandé ? — Oui, mademoiselle.
» Et c'est pour lui ce paquet ? — Oui,
» mademoiselle. Alors elle se mit à rire
» d'un air drôle, et je m'aperçus que la
» tête d'un polichinelle sortait du paquet
» que je tenais, et l'oncle me dit : — Est-
» ce que monsieur Dalbreuse s'est fait un
» petit théâtre de marionnettes ? » Je lui
» dis : « Non, monsieur, il y a dans dedans
» des livres pour mon maître, mais les
» joujoux sont pour les enfans. » Com-
» ment! il a donc des enfans avec lui ?
» s'écria la demoiselle. Ah! proul! que
» je me dis là-dessus, v'là des questions
» qui n'en finit. Alors ôtant mon
» chapeau, je leur tirai ma révérence,

» en leur disant que j'étais pressé. —
» C'est là tout, Pétermann? — Oui,
» monsieur. »

Caroline ne m'a donc pas oublié :
nous nous sommes bien mal quittés,
pourtant. Mais ce ne serait pas une raison pour ne plus penser à une autre ;
tant de gens se quittent bien, et s'oublient vite. Ce souvenir de mademoiselle
Derbin me cause une douce émotion ;
elle avait un caractère si singulier, une
façon de penser qui n'était pas celle de
tout le monde, et malgré cela elle avait
la grâce et l'amabilité de son sexe.

Si Pétermann était encore là, je lui
demanderais si mademoiselle Derbin est
changée, si elle a l'air aussi gai qu'autrefois. Je lui demanderais je ne sais quoi
encore... mais il est reparti. Il a aussi
bien fait. Qu'ai-je besoin de m'occuper

de Caroline!... Je me suis promis de ne plus avoir d'amour que pour mes enfans. C'est dommage pourtant : l'amour est une si agréable occupation!

Il y a trois jours que Pétermann m'a conté cette rencontre. Je suis à me promener dans le bois de Vincennes avec mes enfans. Eugène est maintenant moins timide avec moi : il me sourit, il me caresse même, quoiqu'il n'ait pas encore tout l'abandon de sa sœur, qui me fait faire toutes ses volontés. Je leur donne la main à chacun. J'écoute le babillage d'Henriette et les petites réponses de son frère. Mais ma fille vient de parler de sa mère, et mon front se rembrunit.

« Papa! pourquoi donc ne revient-elle » pas, maman? — Elle est fort loin, ma

» fille... Il se peut que tu ne la revoies
» pas de long-temps. — Mais c'est bien
» ennuyant, cela... Pourquoi n'allons-
» nous pas la chercher? — Cela ne se
» peut pas. — Pourquoi? — J'ignore où
» elle est maintenant. —Ah! mon Dieu...
» et si elle était perdue!... »

Henriette a les yeux pleins de larmes; elle me regarde en m'adressant cette question. Pauvre petite! si elle savait le mal qu'elle me fait!... Je ne sais comment la consoler. Si Eugénie était revenue, je pense qu'elle aurait demandé à voir ses enfans, et je ne lui refuserai jamais cette satisfaction. Mais je n'entends pas parler d'elle. Ernest et sa femme ne me disent plus rien sur ce sujet, et quoique leur silence commence à me contrarier, je ne veux cependant pas être le premier à leur parler d'Eugénie ; il est possible qu'ils n'en aient pas plus de nouvelles que moi.

Henriette me regarde toujours ; impatientée de ce que je ne lui réponds pas, elle s'écrie enfin : « Mais, papa, à quoi penses-
» tu donc ?... — A toi, ma fille. — Je te
» demande si ma pauvre maman est per-
» due et tu ne me dis rien... Et monsieur
» Eugène qui ne demande jamais des
» nouvelles de sa maman... Hum !... que
» c'est vilain, ça !.. Petit mauvais cœur..»

Eugène regarde sa sœur d'un air honteux, puis se met à me crier, comme s'il récitait un compliment : « Papa, des
» nouvelles de maman,... s'il vous plaît ? »

J'embrasse Eugène ; il se contentera de cette réponse, lui : mais ma fille, chaque jour elle m'embarrasse davantage. Cependant elle est déjà capable d'entendre la raison, car son intelligence est au dessus de son âge. Je m'arrête, je m'asseois au pied d'un arbre; j'attire mes enfans près de moi, et je dis à Henriette :

« Ma chère amie, tu n'es plus une
» enfant, toi; on peut te parler raison.—
» Oh! oui, papa, j'ai sept ans passés.....
» et je sais lire.—Écoute : ta maman est
» partie... pour un pays fort éloigné, je
» ne sais pas moi-même quand elle re-
» viendra; tu dois bien penser que cela
» me fait du chagrin de ne plus la voir...
» et toutes les fois que tu m'en parles,
» tu augmentes ce chagrin-là... Com-
» prends-tu, ma chère amie? — Oui,
» papa... Il ne faut donc plus que je te
» parle de maman?... — Du moins, ne
» me fais pas de questions auxquelles je
» ne puisse répondre. — Ah!... mais je
» pourrai toujours y penser, à maman?

» — Oui, ma chère Henriette. Et sois
» bien sûre que, dès qu'elle reviendra à
» Paris, son premier soin sera de venir
» vous embrasser. »

Ma fille se tait. Cette conversation semble avoir attristé ces pauvres enfans. Ils ne disent plus rien, et moi-même je reste pensif auprès d'eux. Au bout de quelques instans un monsieur et une dame viennent de notre côté. Je n'ai point levé les yeux pour les voir, mais je m'entends nommer... C'est M. Roquencourt et sa nièce. Ils s'arrêtent devant nous.

« Oui, ma nièce avait raison... c'est
» bien ce cher M. Dalbreuse! »

Je me lève; je salue l'oncle et la nièce. Caroline a un air froid, mais poli. Je ne lui trouve plus cette physionomie vive et enjouée qui, au Mont-d'Or, attachait tant de gens à son char : elle a pris un maintien plus grave. Son regard est presque mélancolique : mais que cet air lui sied bien ! que ce changement lui donne de charmes à mes yeux !

« Ma nièce me disait de loin : Voilà
» M. Dalbreuse... et j'avoue que je ne
» vous remettais pas... J'ai cependant la
» vue très-bonne !... je ne me suis ja-
» mais servi de lunettes... Mais quels
» sont ces jolis enfans ?...

» — Ce sont les miens. — Les vôtres ?...
» Ah! oui... je me rappelle... ma nièce
» m'a conté que vous étiez marié... Ils
» sont charmans... La petite a des yeux
» superbes... et déjà une petite tour-
» nure... Nous ferons bien des conquêtes
» avec ces yeux-là... Et toi, mon gros
» père... Oh! que tu ferais bien les beaux

» Léandre... il serait étonnant avec une
» perruque et un cadogan. »

Pendant que M. Roquencourt regarde mes enfans, sa nièce se rapproche de moi, et me dit à demi-voix : « Vous
» avez donc vos enfans avec vous, main-
» tenant? — Oui, mademoiselle. »

Elle se penche alors vers Henriette, en lui disant : « Voulez-vous bien m'em-
» brasser, ma bonne amie ? »

Ma fille fait une belle révérence, puis se laisse embrasser. Ensuite mademoiselle Derbin prend Eugène dans ses bras pour le caresser. Je ne sais pourquoi je la regarde faire avec plaisir.

« Ha çà! vous demeurez à Saint-
» Mandé, monsieur Dalbreuse? Nous
» avons appris cela par votre domestique
» que nous avons rencontré. — Oui,

» monsieur ; je passe la belle saison ici ;
» je suis chez un ami qui, pendant mes
» voyages, avait bien voulu avec sa
» femme se charger de mes enfans. —
» Vous ne savez pas une chose ? c'est
» que depuis hier nous sommes vos voi-
» sins. — Comment ? — Oui, vraiment.
» Nous avons loué une petite maison
» toute meublée à Saint-Mandé, et nous
» sommes venus nous y établir pour
» passer le reste de la saison. C'est une
» idée qui est venue à ma nièce. Après
» que nous eûmes rencontré votre do-
» mestique, elle me dit : Mon oncle, je
» ne me porte pas bien... Il est vrai qu'elle
» est toujours souffrante depuis notre
» retour du Mont-d'Or...

» — Mon Dieu ! mon oncle, tout cela
» intéresse fort peu monsieur. A quoi
» bon ces détails ? — Mademoiselle, tout

» ce qui vous regarde ne peut que m'in-
» téresser. »

Caroline détourne la tête. Son oncle
continue : « Oui, ma chère amie, tu es
» souffrante... tu as beau vouloir le ca-
» cher... cela se voit bien... et cet air sé-
» rieux, mélancolique, qui a remplacé
» ta gaîté d'autrefois... car tu n'as plus ta
» gaîté, et... — Mais vous vous trompez,
» mon oncle; je suis toujours la même.
» — Enfin, tu as voulu venir ici pour ta
» santé... tu me l'as dit du moins; et quand
» tu veux quelque chose... vous savez,
» mon cher Dalbreuse, c'est comme
» lorsqu'elle nous faisait faire des pro-
» menades au Mont-d'Or... il faut tout de
» suite que cela se fasse : aussi, dans les
» vingt-quatre heures, nous sommes ve-
» nus, nous avons vu et loué une petite
» maison ! et il a fallu l'habiter tout de

» suite. — C'est que Paris m'ennuyait.,
» et puis... je ne connaissais pas ce pays.
» — Moi, je le connaissais; mais je
» l'aime beaucoup... Dugazon a eu une
» maison de campagne à Saint-Mandé...
» Je vous la montrerai en revenant. Nous
» venions y rire, y faire des petits sou-
» pers, y jouer la comédie. J'y ai joué
» l'*Avocat Patelin*!... et Petit-Jean des
» *Plaideurs*... Oh! dans *les Plaideurs*,
» j'ai fait une farce indigne!... Vous sa-
» vez, le moment...

» — Mais, mon oncle, nous retenons
» monsieur... nous le gênons, peut-être?
» — Oh! nullement, mademoiselle... j'al-
» lais retourner vers Saint-Mandé... —
» Nous y retournions aussi; nous ferons
» route ensemble... C'était donc dans *les*
» *Plaideurs*. Vous savez qu'au troisième
» acte on apporte des petits chiens ; Du-

»gazon m'avait dit : Te charges-tu de..
»Je vous ai que Dugazon me tutoyait!
»Te charges-tu d'avoir des petits chiens?
»Moi qui avais déjà mon projet, je lui
»dis : Oui, je m'en charge. C'est très-
»bien. La pièce se joue; arrive le mo-
»ment où l'on demande les malheureux
»orphelins... j'apporte une grande cor-
»beille couverte... Devinez ce qui en
»sort!... une douzaine de souris que j'a-
»vais cachées là-dedans, et qui se met-
»tent aussitôt à courir sur le théâtre, à
»se sauver dans l'orchestre... et les
»hommes de rire! les femmes de crier...
»elles croyoient toutes avoir une souris
»sous leur jupon!... Ah! ah! moi je me
»tenais les côtes!... Après la pièce, ces
»dames dirent que j'étais un monstre!...
»Cela me valut trois bonnes fortunes! »

M. Roquencourt continue de parler.

et nous arrivons au village. Caroline a toujours tenu la main à Eugène, et elle a souvent causé avec ma fille.

« Voilà notre ermitage, » dit M. Roquencourt en s'arrêtant devant une jolie maison qui n'est qu'à deux portées de fusil de celle d'Ernest. « J'espère,
» M. Dalbreuse, que vous viendrez nous
» y voir. À la campagne il faut voisiner....
» N'est-ce pas, ma nièce ?—Si monsieur
» veut nous faire ce plaisir... S'il voulait
» nous amener ses enfans... Je serais
» charmée de les revoir... Voudrez-vous
» venir, ma chère amie ?..—Oui, madame.
» —Et vous, mon petit ami... Vous de-
» vez aimer les bonbons, et j'en ai tou-
» jours. »

Eugène répond avec un grand sérieux qu'il veut bien aller voir les bonbons. Je remercie pour mes enfans, et je prends congé en promettant de les amener le lendemain.

Caroline veut donc bien me revoir. Sa grande colère contre moi est apaisée. C'est que sans doute le sentiment qui faisait naître cette colère est dissipé aussi. Mais pourquoi n'a-t-elle plus son enjouement d'autrefois?... En vérité, je serais bien fat de croire que cela me regarde. Mademoiselle Derbin ne peut-elle pas avoir quelque peine de cœur, ou quelque secret auquel je sois tout-à-fait étranger? Je voudrais bien savoir si, avant de quitter le Mont-d'Or, elle a revu madame Blémont. Au fait, je ne suis pas fâché de cette rencontre. Quand Ernest travaille, on ne peut pas lui parler; sa femme est sans cesse occupée de ses enfans, du soin de sa maison: j'irai quelquefois causer chez M. Roquencourt.

Au dîner, j'apprends à mes hôtes la rencontre que j'ai faite. « Si ce sont des » gens aimables, engagez-les à venir nous » voir, » dit Ernest. Je m'aperçois que sa femme n'est pas de cet avis : j'ai dit que Caroline était charmante, les femmes craignent quelquefois les visites d'une personne charmante; et Marguerite est femme maintenant.

« Mon ami, » dit-elle, « si ce sont des » gens qui ont vingt-cinq mille livres de » rentes et un équipage, je n'oserai » jamais les recevoir. — Et pourquoi » donc cela, ma chère amie? je suis au-» teur, moi: et le génie marche avant la » fortune. N'est-ce pas, Henri? — Cela » devrait être du moins. — Mon ami, » moi qui ne suis pas auteur, je n'ai pas

» de génie... — Ce ne serait pas une rai-
» son, ma chère amie... l'un va très-sou-
» vent sans l'autre... — Enfin, je n'oserai...
» ou je ne saurai pas... Tu dis toi-même
» qu'il ne faut pas faire des connais-
» sances qui entraînent à des dé-
» penses... »

Il me semble que Marguerite s'embrouille, je crois voir qu'elle fait des signes à son mari; mais celui-ci cherche une fin de couplet et n'écoute plus Marguerite. Je rassure la petite femme, en lui disant que rien ne l'oblige à recevoir M. Roquencourt et sa nièce. « Mais vous
» irez les voir? » me dit-elle. « — Oui, je
» ne vois pas ce qui m'en empêcherait.
» — Non sans doute... Mais tenez, d'après
» ce que j'ai entendu de cette demoi-
» selle qui ne veut pas se marier, j'ai
» dans l'idée que c'est une coquette.

» — Quand cela serait, pourvu que sa
» société soit agréable... il me semble
» que je n'ai rien à craindre, moi. »

Madame Ernest ne dit plus rien, je vois fort bien qu'elle n'est pas satisfaite du nouveau voisinage qui nous est arrivé, et je ne puis en concevoir la raison. Cela ne m'empêchera pas d'aller voir les voisins.

Le lendemain j'emmène mes enfans et je me rends à la demeure de M. Roquencourt. Je trouve l'oncle se promenant dans son jardin avec plusieurs personnes du pays; les gens riches ont vite de la société....! C'est à qui se liera avec les personnes qui ont équipage. M. Roquencourt était en train de raconter à ses nouvelles connaissances une scène de *M. de Crac*; il prend mon fils et ma fille par la main, et veut leur faire voir son jardin et goûter de ses pêches. Je les laisse aller, j'entre au rez-de-chaussée pour saluer Caroline. J'entends le son d'un piano. Un piano!.. que cet instrument me rappelle de choses!... Ces accords me font mal maintenant. Je me souviens que mademoiselle Derbin m'a dit qu'elle touchait du piano. Je m'efforce de vaincre mon émotion, et j'entre dans le salon où est Caroline. Je l'écoute pendant quelque temps sans lui parler... je ne puis dire ce que j'éprouve. Elle cesse enfin, et je m'approche.

«Vous étiez là?» me dit-elle.—«Oui,
» je vous écoutais.—Vous n'avez pas
» amené vos enfans?—Pardonnez-moi:
» ils sont avec monsieur votre oncle.—
» Ils sont charmans, vos enfans, et... je
» vous félicite, monsieur, de les avoir
» avec vous... C'est une preuve que

» madame votre épouse a oublié vos
» torts..... puisqu'elle vous confie ce
» qu'elle a de plus cher... Cela me fait
» présumer que bientôt elle-même...—
» L'avez-vous revue avant de quitter le
» Mont-d'Or, mademoiselle?—Non, mon-
» sieur; elle a quitté l'hôtel que nous
» habitions le lendemain même de votre
» départ. Est-ce que vous ne savez pas
» où elle est maintenant? — Non, made-
» moiselle. — En vérité, monsieur, je ne
» comprends rien à votre conduite... à
» vous-même.... Vous paraissez aimer,
» chérir vos enfans, et vous délaissez
» leur mère souffrante, malheureuse...
» Si je ne vous avais pas vu et que l'on
» m'eût parlé de vous, je vous aurais cru
» hideux au physique comme au moral...
» Mais quand on vous connaît... on ne
» peut cependant pas penser cela. »

Caroline sourit, je me tais; c'est ce que j'ai de mieux à faire quand on entame ce sujet. Henriette et Eugène reviennent du jardin. Caroline court les embrasser et leur prodigue des joujoux et des bonbons. Puis, comme je garde toujours le silence, elle se remet devant le piano et laisse pendant quelques instans errer ses doigts sur les touches. Eugène s'est assis dans un coin; il est tout occupé de ses bonbons; Henriette admire une belle poupée qu'on vient de lui donner : mais aux premiers sons du piano, je m'aperçois qu'elle écoute et cesse de jouer. Moi aussi j'écoute; car il me semble entendre Eugénie... C'était le même talent, la même expression.... Bientôt mon illusion augmente encore : mademoiselle Derbin, après de brillans préludes, vient

de commencer un air que je reconnais...
C'est celui qu'Eugénie jouait de préférence... Je me persuade que c'est elle que j'écoute comme aux premiers temps de notre union... Je suis tiré de cette illusion par des sanglots... Je lève les yeux... Ma fille est tout en larmes, et la poupée est tombée de ses mains; je cours à Henriette, Caroline en fait autant.

« Qu'as-tu donc, ma chère enfant? » lui dis-je en la pressant dans mes bras. « Pourquoi ces pleurs? — Ah! papa... » c'est que... je croyais encore entendre » maman ! »

Pauvre petite, je la presse contre mon cœur, et je cache dans sa chevelure les larmes qui s'échappent aussi de mes yeux.

Caroline est restée devant nous, mais

je l'entends me dire à demi-voix : « Vous
» voyez les pleurs de cet enfant, et vous
» ne lui rendez pas sa mère !.. »

Je reviens à moi-même, je console ma
fille : Caroline la comble de caresses;
mais, malgré ses instances pour me retenir, je m'éloigne avec mes enfans : car
j'entends venir M. Roquencourt, et en
ce moment il me serait impossible de
supporter la société.

J'ai fait plusieurs visites à mes voisins. Caroline ne touche plus du piano
quand je suis là. Elle comble mes enfans
de caresses, de présens, que les enfans
ne peuvent refuser; avec moi elle est
triste et silencieuse; pourtant elle trouve
toujours que je m'en vais trop tôt.

Chez Ernest, je vois qu'on n'aime pas
les nouveaux voisins : cela me semble
fort injuste puisqu'on ne les connaît

pas. On jette des regards dédaigneux sur les jouets que ma fille et Eugène reçoivent de Caroline : est-ce jalousie, et parce que ses enfans n'en ont pas autant, que madame Ernest déprécie ce qu'on donne aux miens? Non, je connais l'excellent cœur de Marguerite ; il est étranger à l'envie : d'où vient donc qu'elle montre tant de prévention contre la nièce de M. Roquencourt ?

En allant un jour chez Caroline je suis fort surpris d'y rencontrer M. Giraud. Mais j'apprends bientôt qu'il a été présenté par un voisin chez lequel il allait passer la journée. A la campagne un ami en amène un autre, et Giraud est de ces gens qui ne demandent qu'à être amenés. Il paraît charmé de me voir : on aime toujours à trouver des connaissances dans une maison où l'on va pour la première fois, cela met plus à d'aise.

En s'apercevant que je suis bien vu dans la maison, que l'oncle et la nièce me témoignent beaucoup d'amitié, Giraud redouble de prévenances avec moi; j'en devine le motif : Giraud n'est pas venu ici sans but : il aura entendu dire que mademoiselle Derbin était à marier... Une demoiselle jolie et riche, quelle belle noce à faire!... Il veut se ménager des intelligences ici. Il accable Caroline de complimens qui, je crois, ne la touchent guère; mais il écoute avec une patience imperturbable M. Roquencourt lui récitant Mascarille, et cela pourra le faire inviter à revenir...

Cependant le voisin qui l'a amené veut retourner chez lui; Giraud s'éloigne à regret; il demande la permission de venir saluer l'oncle et la nièce quand il se promener à Saint-Mandé; on lui fait une réponse polie, il sort enchanté. Je pars en même temps, car je vois qu'il désire me parler; en effet, à peine dehors, il me prend sous le bras, ralentit le pas en criant à son ami d'aller toujours devant; puis entame la conversation :

« Mon cher ami, il me paraît que » vous êtes très-lié... très-bien reçu chez » M. Roquencourt. — Mais, M. Giraud, » je me flatte d'être bien reçu partout où » je vais; s'il en était autrement... — Ce » n'est pas ça... mon Dieu! je connais » votre mérite, mon ami... quoique vous » ne viviez plus avec votre femme... mais » ça ne prouve rien !... Dites-moi donc, » c'est un parti superbe que cette demoi- » selle Derbin, si ce qu'on m'a dit est » vrai... Mais je prendrai des informa- » tions... vingt-cinq mille francs de ren-

» tes bien nets, et encore des espérances
» sur l'oncle !... avec ça une jolie per-
» sonne; de la tournure, des talens; elle
» touche du piano... Touche-t-elle d'autre
» chose encore? — Je ne le lui ai pas de-
» mandé. — C'est égal! c'est un parti très-
» avantageux, et j'ai justement l'homme
» qu'il lui faut. — Ah! vous avez... — Oui,
» vous savez bien que j'ai toujours des ma-
» ris à offrir moi... Aussi quand Dupont,
» qui va devant là-bas, m'a parlé de cette
» demoiselle, je lui ai dit sur-le-champ:
» Il faut me mener là; et il m'y a mené, et
» j'y retournerai. Sont-ils toujours chez
» eux? — Excepté quand ils vont se pro-
» mener. — Mais je veux dire : ils ne re-
» tournent pas à Paris? — Je l'ignore. —
» Alors, je me hâterai de revenir... C'est
» un trop beau mariage à faire pour ne pas
» se presser; un autre le ferait... Heureu-

»sement Saint-Mandé ce n'est pas loin,
»et il y a les omnibus. Mais il faudrait,
»mon cher ami, me servir un peu, tâter
»l'oncle et la nièce, et leur parler de mon
»jeune homme. — Quel jeune homme?
»— Celui que je proposerai : un beau
»garçon de vingt-deux ans, fils unique,
»de la fortune... qui désire acheter une
»pharmacie... D'ailleurs, si celui-là ne
»convient pas, j'en ai d'autres... Le tout
»est de savoir si la demoiselle n'a pas
»d'inclination... Savez-vous si elle a
»quelque inclination? — De quel droit,
»M. Giraud, irai-je demander cela à cette
»demoiselle? — Ah! bah! sans deman-
»der, on sait toujours; enfin, c'est égal,
»servez-moi dans la maison; je tâcherai
»que Dupont me serve aussi. Il faut que
»je le rejoigne... Mon ami, je vous en
»prie, tâtez toujours la demoiselle : vous

» pouvez offrir un fort joli garçon avec
» cent mille francs et deux beaux héri-
» tages en perspective... Ah !.. si elle ne
» veut pas d'une pharmacie... ce qui est
» présumable quand on a vingt-cinq
» mille livres de rentes, on achetera une
» charge d'avoué... ça lui plaira mieux...
» à la rigueur même on n'achetera rien
» du tout... Holà!.. eh! Dupont... me
» voilà... Diable! il serait capable de dî-
» ner sans moi. »

Giraud me quitte. Je ne puis m'empêcher de rire de sa manie de marier tout le monde; je crois que c'est sa seule profession, et que, outre les repas de noces, il se fait donner un pot-de-vin par le marié. S'il compte sur moi pour parler à mademoisselle Derbin, il sera trompé dans son attente. Irai-je parler pour quelqu'un que je ne connais pas !.. D'ailleurs je ne vois pas qu'il soit si nécessaire de marier les gens.

Trois jours sont écoulés depuis cette rencontre. J'ai oublié Giraud et je crois qu'on ne pense guère à lui chez M. Roquencourt. Je suis sorti un moment sans mes enfans; mon intention n'était pas d'aller voir Caroline; mais elle était contre la fenêtre quand je suis passé, elle m'a vu et me fait signe d'entrer. Son oncle est au jardin, elle est seule dans le salon. Depuis notre séjour au Mont-d'Or, je ne sais pourquoi je suis embarrassé quand je me trouve seul avec elle.

Nous restons assez long-temps sans nous parler. C'est assez ce qui arrive lorsqu'on aurait beaucoup de choses à se dire. Caroline est près de son piano et n'en touche pas.

« Pourquoi ne vous entends-je plus

» en jouer ? » lui dis-je. « — Parce que
» cela vous attriste... et je ne vois pas la
» nécessité de vous faire de la peine...
» — Il y a des souvenirs pénibles et doux
» à la fois. Je voudrais pourtant entendre
» encore cet air que vous jouyez la der-
» nière fois. — Et qui a fait pleurer votre
» fille..... Pauvre enfant..... combien je
» l'aime !... »

Caroline se met au piano et joue le morceau favori d'Eugénie. Je me laisse aller au charme de l'entendre et à l'illusion des souvenirs. Mon cœur est gros de larmes, et j'ai pourtant du plaisir. Caroline se retourne souvent pour me regarder, mais moi je ne la vois plus.

Tout à coup un grand bruit nous tire de cette situation qui avait du charme pour tous deux. On a sonné avec force à la porte de la maison. Bientôt nous entendons plusieurs voix et les aboiemens d'un chien.

« Quel ennui ! » s'écrie Caroline, « on » ne peut pas être tranquille un moment » ici ; mon oncle reçoit tous ses voi- » sins !... il faudra absolument que je me » fâche. »

Le bruit va toujours en augmentant. Il me semble entendre des voix de connaissance. Enfin on se dirige vers le salon, et je vois entrer Giraud avec sa femme, sa fille, un de ses fils, et un grand jeune homme qui est habillé comme pour aller au bal, et qui n'ose pas se mouvoir, de peur de déranger le nœud de sa cravate ou de froisser son col.

Caroline regarde entrer tout ce monde en ouvrant de grands yeux. Giraud s'avance d'un air dégagé, et présente sa

femme en disant : « Mademoiselle, j'ai
» bien l'honneur de vous offrir mes hom-
» mages... c'est mon épouse que je vous
» présente... Ma femme, c'est mademoi-
» selle qui est la nièce de M. Roquen-
» court, chez qui j'ai reçu un accueil si
» aimable dimanche dernier, et qui m'a
» engagé à venir quand je me promene-
» rais de ces côtés... Voilà mon fils aîné
» et ma fille... Saluez donc, mes enfans...
» Monsieur est un de nos amis intimes...
» il était de notre promenade, et je me
» suis permis de vous le présenter... Bon-
» jour, mon cher Blémont ; enchanté de
» vous retrouver ici ! »

Caroline a fait un salut assez froid à
tout le monde ; elle se contente d'indi-
quer des chaises. La famille Giraud s'asseoit ; le beau monsieur se place sur le
bord d'un canapé. Giraud reprend bien

vite : « Mais où est donc ce cher oncle,
» cet aimable monsieur Roquencourt?...
» Dieu! qu'il m'a fait plaisir en me réci-
» tant Mascarille de *l'Etourdi!*..... et
» *M. de Crac!*... Ah! comme c'était ça!...
» J'ai bien fait rire ma femme en lui ra-
» contant cette pièce-là... N'est-ce pas,
» ma bonne? — Oui, mon ami. Mais,
» mon Dieu! qu'a donc Azor à fureter
» ainsi sous toutes les chaises... Tenez-
» vous, Azor... M. Mouillé, donnez-lui
» donc un coup de pied, s'il vous plaît,
» pour qu'il se tienne tranquille. »

M. Mouillé, c'est le beau jeune homme, se lève, et cherche à saisir le chien. Ne pouvant le prendre, il lui applique un coup de pied, qui fait aboyer et fuir Azor au moment où M. Roquencourt entre dans le salon.

Tout le monde se lève de nouveau.

M. Giraud présente derechef sa famille et son jeune homme, en ajoutant cette fois : « M. Mouillé ne vient pas souvent » à la campagne... il a tant d'affaires à » régler depuis qu'il a hérité de son on- » cle le négociant, qui lui a laissé cent » cinquante mille francs et un boghey... » Est-ce un boghey ou un tilbury que » votre oncle avait ?...

» — C'était un tape-cul, » répond M. Mouillé sans tourner le cou. Giraud fait un peu la grimace et continue : « Oui... une voiture enfin. C'est gentil » pour un jeune homme de vingt-trois » ans. Mais quand je lui ai dit que nous » nous arrêterions chez des personnes » aussi aimables, il n'a plus hésité à » nous accompagner... Ma femme, voilà » M. Roquencourt qui, comme je te le » disais tout à l'heure, a si bien joué la

» comédie autrefois!... Dieu! que vous
» m'avez fait rire en me faisant Masca-
» rille!... »

M. Roquencourt a d'abord paru un peu surpris de trouver une réunion amenée par un homme qu'il n'a vu qu'une fois; mais, du moment qu'on lui parle comédie, ses traits se dilatent, ses yeux s'animent; il s'écrie : « — Oui
» pardieu! j'ai joué la comédie!... et
» devant Dugazon, Larive, et beaucoup
» d'autres!...

» — C'est ce que j'ai dit à ma femme
» et à M. Mouillé : vous avez joué devant
» Dugazon... Ma bonne, monsieur a joué
» devant Dugazon!

» — Mascarille est un beau rôle, fort
» long; mais, quoique j'y fusse très-bien...
» surtout quand je disais : *Vivat Masca-*
» *rillus, fourbum imperator!...*

» — Ah! charmant!... délicieux!...
» Hein, ma femme? qu'est-ce que je
» t'avais dit? *Fourbum imperator!...*
» Taisez-vous, mes enfans!

» — J'avais d'autres rôles que je préfé-
» rais... D'abord, Figaro... Ah! Figaro!...
» Le costume est si joli!... il m'allait si
» bien!...

» — Oui, le costume devait très-bien
» vous aller... M. Mouillé, ne vous êtes-
» vous pas déguisé en Figaro une fois
» pour aller à un bal superbe chez un
» entrepreneur? — Non, monsieur; j'é-
» tais en *Pinçon* dans *Je fais mes farces.*
» — Ah! c'est différent!

» — Pour en revenir à mon costume, »
dit M. Roquencourt, « il était blanc et
» cerise et tout en soie... Je crois que je
» l'ai encore!... — Blanc et cerise!... et
» vous l'avez encore! Ah! Dieu! si vous

» le mettiez, que ce serait aimable!... »

Caroline, qui n'a pas prononcé un mot pendant toute cette conversation, se penche alors vers moi, et me dit à l'oreille : « Est-ce que ces gens-là sont » venus avec l'intention de se moquer » de mon oncle? — Non... il y a un au- » tre motif que je vous apprendrai. »

M. Roquencourt regarde un moment Giraud; mais il lui répond avec bonhomie : « — Oh! non; je ne puis plus » mettre ce costume... Il y a vingt-cinq » ans qu'il ne m'a servi... et, depuis ce » temps, j'ai pris du corps... beaucoup » de corps...

» — Oui, au fait, en vingt-cinq ans » on change, on engraisse... Monsieur » Mouillé, je trouve que vous avez en- » core grandi depuis l'année dernière.....

» — De trois lignes, reprend M. Mouillé

en s'inclinant.— « Trois lignes!... Peste!...
» vous ferez un gaillard!... Mademoiselle
» a une bien belle taille aussi... de ces
» tailles élégantes et sveltes... qui ne per-
» mettent pas à un petit homme de lui
» offrir son bras. »

C'est à Caroline que ce compliment
s'adresse. Elle me regarde en faisant un
mouvement d'impatience; mais Giraud,
qui croit avoir fait la plus belle chose
du monde en vantant les belles tailles,
n'a pas pensé à M. Roquencourt, qui
est fort petit. L'oncle s'avance au milieu
du cercle en disant :

« — Monsieur, vous vous trompez
» beaucoup en disant qu'un homme de
» moyenne taille ne doit pas donner le
» bras à une grande femme : mademoi-
» selle Contat n'était pas petite, et cer-

» tainement elle me trouvait très-bien
» pour son cavalier.

» — Oh! monsieur Roquencourt!...
» mais ce n'est pas du tout ça que j'ai dit
» ou que j'ai voulu dire!... Diable! en-
» tendons-nous... les petits hommes!...
» peste!... Mais tout le monde sait que
» les héros, les Alexandre, les Frédéric,
» les Napoléon étaient de petite taille!...
» N'est-ce pas, monsieur Mouillé?... Ma
» femme, fais donc taire ta fille.

» — Et au théâtre, monsieur, il vaut
» beaucoup mieux être petit que grand,
» car la scène grandit déjà. — C'est ce
» que j'ai dit vingt fois à ma femme,
» la scène grandit... et vous en savez
» quelque chose, M. Roquencourt? —
» Oui certainement. Un homme grand
» ne peut jouer ni Figaro, ni Mascarille,
» ni Scapin. Ah! que j'étais leste et vif en
» Scapin!... On a fait mon portrait sous

» ce costume... — Votre portrait en Sca-
» pin !... A-t-il été au Salon?... — On a
» voulu me faire aussi dans *M. de Crac*...
» — Ah! *M. de Crac!*... Ma femme rit
» encore parce que je lui ai récité quel-
» ques scènes d'après vous... Ah! mon-
» sieur Roquencourt! si vous étiez assez
» bon... M. Mouillé n'a jamais vu *M. de*
» *Crac*... N'est-ce pas, monsieur Mouillé?

» — Pardonnez-moi, » répond le beau
jeune homme, « je crois l'avoir vu jouer
» chez *Bobino*.

» — Ah! ah! chez Bobino!» s'écrie
M. Roquencourt. « Pardieu! ce devait
» être joli!... Un rôle d'une difficulté!...
» D'abord il faut bien prendre l'accent :

Dé façon qué dé loin sur lé pauvre animal
Lé perdreau, sans mentir, semblait être à cheval,
Et fût resté long-temps dans la même posture
Si mon chien n'avait pris cavalier et monture.
Hé donc! qu'en dites-vous?

Pendant cette tirade, Giraud trépigne des pieds et a l'air de se rouler de plaisir sur sa chaise; Madame Giraud n'est occupée qu'à faire tenir ses enfans en repos. M. Mouillé ne bouge pas.

« — Ah! bravo!... bravo!... » s'écrie Giraud. « Hein, ma femme... tu n'avais
» jamais entendu jouer la comédie avec
» cette facilité!....... Monsieur Mouillé,
» vous devez vous estimer bien heureux
» de nous avoir accompagnés à Saint-
» Mandé!... et bien heureux de toutes les
» façons... car on trouve ici tout ce qui
» peut séduire et charmer!... Ah! M. Ro-
» quencourt, encore quelque chose....
» quelques fragmens.

» — Est-ce que tout cela va durer long-
» temps? » me dit tout bas Caroline. Je souris et ne répond rien. M. Roquencourt ne se fait pas prier pour continuer.

Il s'avance de nouveau au milieu du salon en disant : « Voici un passage de la scène
» où on lui demande des nouvelles de
» son fils..... et c'est son fils lui-même
» qui le questionne, sans qu'il le recon-
» naisse...

» — Ah! bon... j'y suis... Ma femme,
» on lui demande des nouvelles de son
» fils... Attention, monsieur Mouillé; et
» c'est son fils lui-même... Vous en-
» tendez ?

» — Je ne comprends pas du tout, »
répond le beau jeune homme. — « Si
» fait, si fait... Chut! taisons-nous, mes
» enfans!

. . . . Il sert contré lé Russe;
Mais il sert tout dé bon. Ah! lé feu roi de Prusse
Savait l'apprécier : et lé Grand-Frédéric,
En fait d'opinion, valait tout un public.
Il admirait mon fils... J'en ai...

M. Roquencourt est interrompu dans sa déclamation par la cuisinière, qui accourt en disant : « Mon dieu, mam-
» zelle, qu'est-ce que c'est donc que ce
» chien qui vient d'arriver ici ? il est en-
» tré dans ma cuisine, il se jette sur
» tout ce qui s'y trouve, il a mangé d'un
» trait le restant du chapon qui était
» sur la table, et il vient d'emporter le
» gigot qui était pour vot' dîner...

» Ah ! c'est qu'il a soif ! » s'écrie Giraud, « donnez-lui à boire... il a eu
» très-chaud, faites-le boire, s'il vous
» plaît... et il vous caressera tout de
» suite.

» Monsieur, » dit Caroline en se levant et en s'avançant d'un air très-décidé vers Giraud, « je suis désolée, mais il faudra
» que vous fassiez boire votre chien ail-
» leurs ; mon oncle doit se rappeler que

» nous avons à sortir ce matin, l'heure
» nous presse, et nous ne pouvons pas
» avoir le plaisir de vous posséder plus
» long-temps chez nous. »

En disant cela, Caroline a lancé à son oncle un regard que celui-ci a fort bien compris, et il balbutie : « Oui, en ef-
» fet... je crois que nous avons à sor-
» tir... »

Giraud paraît consterné, il regarde sa femme, qui regarde M. Mouillé, lequel regarde si son pantalon ne fait pas de plis. Cependant la famille se lève ; le beau jeune homme les imite, et Giraud salue profondément en disant. « Puis-
» que vous avez affaire... certainement
» nous ne voulons pas vous retenir.....
» une autre fois j'espère que nous se-
» rons plus heureux, et que nous pour-
» rons former des rapports dont l'heu-

» reuse suite... M. Mouillé, présentez-
» donc vos hommages à mademoiselle...
» Saluez, mes enfans... M. Roquencourt,
» nous n'oublierons pas votre aimable
» complaisance... Azor... holà... Azor...
» Azor... oh! il faudra bien qu'il vienne...
» Au revoir, mon cher Blémont. »

La famille s'en va à reculons, en saluant, et Giraud me dit à l'oreille : « Est-
» ce qu'elle a une inclination? Si ce
» jeune homme-ci ne lui convient pas,
» j'en ai deux autres à lui présenter.....
» Écrivez-moi ce qu'on vous aura dit. »

Enfin, ils ont quitté le salon, et on parvient à retrouver Azor qui sort de la maison avec un os de gigot dans la gueule.

Quand la société est partie, Caroline dit à la bonne et au jardinier : « Si ja-
» mais ces gens-là se présentent ici, son-

» gez bien à dire que nous n'y sommes
» pas. C'est vraiment d'une indiscrétion
» trop forte.

» Soyez tranquille, mamzelle, » dit la cuisinière, « je n'ai pas envie de revoir
» pus les maîtres que l'chien... V'là mon
» dîner à refaire, à présent. — C'est la
» faute à mon oncle... il invite tous les
» gens qu'il aperçoit; pourvu qu'on lui
» parle théâtre, comédie, çà lui suffit...
» il déclamerait devant des ramoneurs!...
» — Ma nièce, ceci est trop fort... ai-je
» été chercher ce monsieur... lui dire de
» nous amener sa femme, ses enfans, et
» son chien? Il trouve que je dis bien la
» comédie, je ne vois rien d'extraordi-
» naire à cela... bien d'autres que lui ont
» pensé cela aussi!... mais déclamer de-
» vant des ramoneurs!... au reste, des
» ramoneurs pourraient avoir le sens

» très-juste... le peuple ne juge pas si
» mal que vous semblez le croire, et
» Dugazon m'a répété plusieurs fois
» qu'aux représentations gratis les ap-
» plaudissemens ne partaient que lors-
» qu'ils étaient mérités... Mais vous ne
» comprenez rien à la comédie, et de-
» vant vous il serait fort inutile d'avoir
» du talent. »

M. Roquencourt est piqué, il nous laisse et rentre dans son appartement. Je veux aussi m'éloigner. Caroline me retient en me disant : « Encore un mo-
» ment, s'il vous plaît... Vous connaissez
» ce monsieur Giraud qui semblait vou-
» loir se planter ici avec toute sa famille
» et même ses amis... il vous a parlé
» bas... vous m'avez dit que vous m'ap-
» prendriez le motif de sa visite... vou-

» lez-vous bien me l'apprendre, mon-
» sieur ? »

Je me rassieds près de Caroline, je ne puis m'empêcher de sourire en lui disant : « Mademoiselle, ce monsieur Gi-
» raud a une manie... un penchant... ou
» une vocation pour faire des mariages.
» En apprenant que vous étiez libre en-
» core, il a sur-le-champ conçu le des-
» sein de vous marier... — L'impertinent !
» de quoi se mêle-t-il !... — Comme il
» est persuadé que l'on doit toujours fi-
» nir par en venir là, il met dans ses
» projets une persévérance incroyable.
» Il m'avait déjà chargé de vous parler
» en faveur du jeune homme qu'il vient
» de vous amener... — Comment ! ce
» grand nigaud ?... — C'était un aspirant
» à votre main, oui, mademoiselle, et
» malgré l'accueil peu flatteur que vous

» venez de faire à Giraud et à son pro-
» tégé, je ne serais nullement étonné
» qu'il ne revînt bientôt à la charge avec
» un nouvel épouseur. — Je vous assure,
» monsieur, que je ne les recevrai plus ;
» ce que vous venez de m'apprendre me
» fait trouver ce Giraud encore plus in-
» supportable..... Vouloir me marier !.....
» conçoit-on une pareille idée ? »

La physionomie de Caroline est devenue sérieuse. Elle baisse les yeux et
reste pensive; au bout d'un moment elle
reprend : « Me marier... oh! non... Je ne
» me marierai jamais... un moment j'ai
» cru que c'était possible... C'était un
» rêve charmant que j'avais fait... mais
» ce n'était qu'un rêve... Je m'étais cruel-
» lement abusée !... »

Ces paroles portent le trouble dans
mon âme... et pourtant est-ce à moi

qu'elles sont adressées ? Je ne devrais pas chercher à le savoir ; malgré moi je me rapproche de Caroline, dont la tête est tristement penchée sur sa poitrine, et je lui prends la main, ce que je n'avais jamais fait encore... mais elle a l'air si triste, je voudrais la consoler.

Je ne sais que lui dire... Je n'ose lui demander le motif de sa résolution. Nous restons long-temps ainsi sans parler, ma main serre doucement la sienne, mais cela ne la console pas, car des larmes coulent de ses yeux ; alors mon bras presse sa taille... Je sens son cœur battre sous mes doigts... Je respire presque son haleine.

Tout à coup elle me repousse, s'éloigne de moi, et s'écrie : « Ah ! je ne me » croyais pas si faible... mais du moins » je ne serai pas criminelle... non... je

» n'ajouterai pas à la douleur d'une
» femme que je plains... que je voudrais
» rendre au bonheur... et puisque je ne
» sais pas vous cacher ce que j'éprouve...
» ce n'est plus que dans le monde... que
» devant des étrangers qu'il faut nous
» voir... oui, j'en fais le serment, ce tête-
» à-tête est le dernier que nous aurons
» ensemble. »

En achevant ces mots, elle sort précipitamment du salon, et moi je m'éloigne en trouvant qu'en effet nous aurons raison de nous fuir.

CHAPITRE VI.

LE FANTÔME.

Depuis mon dernier tête-à-tête avec Caroline, je vais moins souvent chez elle, et je ne m'y rends jamais sans être accompagné de mes enfans. La saison s'avance, nous n'avons plus que peu de temps à passer à la campagne, et je vais chaque jour me promener avec eux dans le bois. Quelquefois madame Ernest vient avec nous; je m'aperçois qu'elle me montre plus d'amitié, qu'elle est de meilleure humeur depuis que je passe moins de temps chez M. Roquencourt : j'en conclus que décidément elle a quelque chose contre ses voisins. Mais comme elle est toujours aussi bonne, aussi attentive pour moi et mes enfans, comme son mari me témoigne la même amitié, je ne leur en demande pas davantage.

Souvent, au contraire, je m'aperçois que c'est madame Ernest qui voudrait me parler. Je lis assez bien dans les physionomies pour deviner qu'elle a quelque chose à me dire... Mais alors, qui la retient? Lorsque je suis pensif, je la vois m'examiner en dessous, puis regarder mes enfans; mais elle se tait, ou parle de choses qui ne peuvent m'intéresser.

Une après-dînée, nous venons d'aller

dans les bois de Vincennes avec notre famille. Je tiens par la main Henriette et Eugène; madame Ernest conduit également son fils et sa fille. Le jour commence à baisser; en entrant dans une allée un peu sombre, Eugène s'écrie :

« Ah!... j'ai peur du fantôme ici!... — » Du fantôme? » dis-je en prenant Eugène dans mes bras. « Et qui donc t'a » parlé de fantôme, mon ami?

» — C'est la bonne, » s'écrie la petite fille de madame Ernest, « qui dit qu'il » y a un fantôme dans notre maison, et » qu'elle l'a vu dans le jardin.

» — Votre bonne est une sotte, et vous » aussi, mademoiselle, » dit aussitôt la maman; « je lui défendrai de vous parler » de choses semblables. — Oh! j'en ai » aussi entendu parler, » dit Henriette, « et la bonne assure que c'est du côté

» du petit pavillon qu'on entend ou
» qu'on voit le fantôme. — Mon Dieu !
» que ces gens-là sont bêtes !... Et vous,
» Henriette, qui êtes si raisonnable, com-
» ment pouvez-vous répéter cela ? »

Madame Ernest semble très-fâchée que l'on ait parlé d'un fantôme. Je me mets à rire et lui dis : « Mais, en vérité,
» vous prenez presque cela au sérieux.
» Est-ce que vous pensez que je vais me
» sauver bien vite parce que ces enfans
» disent qu'il y a un fantôme dans votre
» maison ? — Non, sans doute; mais ne
» trouvez-vous pas aussi que l'on a tort
» de rendre des enfans peureux en leur
» parlant de ces choses - là ? — C'est
» pour cela qu'il vaut mieux en rire
» avec eux que de s'en fâcher. Toi, Hen-
» riette, je suis bien sûr que tu n'as pas
» peur du fantôme, parce que tu com-

» prends qu'il n'en existe pas... — Dame,
» papa... je ne sais pas s'il y en a, mais j'en
» ai un peu peur aussi... Et l'autre nuit...
» je me suis éveillée, il m'a semblé voir
» quelque chose de blanc qui sortait de
» la chambre... Oh! j'avais bien envie
» de crier: mais je me suis vite mis la
» tête sous la couverture. — Mais, ma
» chère amie, il faudrait d'abord savoir
» de quoi l'on a peur. Qu'est-ce que c'est
» qu'un fantôme? voyons! — C'est... Je
» ne sais pas, papa.

» — Oh! moi, je le sais bien, » s'écrie
le petit Ernest, « un fantôme, c'est un
» revenant. — Ah! diable! et qu'est-ce
» que c'est qu'un revenant? — Dame!...
» c'est un fantôme. — Bravo! tu serais
» en état d'expliquer l'Apocalypse, toi.

» — Un fantôme, » s'écrie à son tour
la petite fille, « c'est un diable qui a une

» queue rouge et des cornes vertes, et
» qui vient la nuit tirer les pieds aux
» petits enfans qui sont méchans. »

Cette définition nous fait rire, Marguerite et moi; mais je conviens qu'elle aura raison de gronder sa bonne, qui fait de tels contes aux enfans. Il ne faut jamais effrayer et rembrunir de jeunes imaginations. Il vient assez vite, le temps où nous ne voyons plus tout en rose.

En parlant de fantômes nous sommes revenus à la maison. J'embrasse mes enfans qui vont se livrer au repos et je me rends au jardin. La soirée, qui est superbe, invite à respirer l'air du soir. Je me trouve bientôt près du pavillon qui n'est pas habité. La lune éclaire alors cette partie du jardin; mais sa clarté porte à la mélancolie. Tout en jetant les yeux sur les massifs d'arbres qui m'environnent, je me rappelle le fantôme dont nous avons parlé en route, et, quoique je n'aie nulle croyance aux revenans, je sens qu'en y mettant un peu de bonne volonté, il est facile de voir derrière le feuillage des ombres que le moindre souffle du vent fait mouvoir.

Je m'asseois sur un banc qui est contre le pavillon. La nuit est si douce, si calme, que je ne songe pas à rentrer. L'image de Caroline, le souvenir d'Eugénie viennent tour à tour s'offrir à ma pensée; je soupire en songeant que je dois fuir l'une parce qu'elle m'aime, et oublier l'autre parce qu'elle ne m'aimait pas. Mais cette dernière est la mère de mes enfans..... Aujourd'hui encore ils m'ont parlé d'elle, ils m'ont demandé si elle reviendrait bientôt; je n'ai su que leur répondre. Ernest et sa femme ne me parlent plus d'Eugénie; ce silence m'étonne et m'inquiète... Plus un mot d'elle... plus rien qui me fasse savoir où elle est, ce qu'elle fait... si elle existe encore... Elle était si changée, si souffrante au Mont-d'Or! Ah! je voudrais avoir de ses nouvelles. Je puis ne plus l'aimer, mais jamais elle ne me sera indifférente.

Ces pensées m'ont fait oublier l'heure. Un bruit que j'entends assez près de moi me fait lever la tête... C'était comme un léger soupir... Je n'aperçois personne, je me lève... Il me semble, à travers le feuillage, distinguer quelque chose de blanc qui fuit vers l'autre bout du jardin. Le souvenir du fantôme se présente à mon esprit... Tout ceci pique ma curiosité... Je me dirige vers l'allée où j'ai cru voir quelque chose; mais je ne trouve rien, et je me décide à rentrer dans ma chambre : car il est tard, et sans doute tout le monde est déjà retiré.

Je ne crois certainement pas aux revenans ; mais je me rappelle l'impatience de madame Ernest lorsque les enfans ont parlé du fantôme, et je soupçonne qu'il y a là dessous quelque mystère. Je voudrais le découvrir, car quelque chose me dit que cela doit m'intéresser.

Je me suis couché, mais je ne puis dormir. Tourmenté par ces idées, je me décide à me relever et je vais ouvrir ma fenêtre, lorsqu'il me semble entendre du bruit au bout du corridor, dans la chambre de mes enfans. J'entr'ouvre bien doucement ma porte... En ce moment une espèce d'ombre blanche sort de la chambre du fond; j'avoue que j'éprouve d'abord un léger serrement de cœur.....

Je suis prêt à me précipiter vers cet être mystérieux... Je me contiens cependant, et j'attends en silence et sans bouger pour savoir ce que tout ceci deviendra.

Après avoir refermé la porte de la chambre des enfans, l'ombre se baisse pour prendre une lanterne; puis elle vient lentement de mon côté... C'est une femme... Je puis la distinguer à présent... Ah! je la reconnais! c'est Eugénie.

Elle marche bien doucement, elle semble craindre de faire du bruit; sa robe blanche, et le grand voile de mousseline qui est rejeté en arrière de sa tête, lui donnaient de loin quelque chose d'aérien, de vaporeux; je ne doute plus que ce ne soit là le fantôme qui a effrayé la bonne et les enfans. Pauvre Eugénie! sa figure est presque aussi pâle que ses vêtemens : quelle tristesse dans ses yeux! quel abattement dans toute sa personne! Elle s'arrête... elle est debout devant l'escalier....... elle tourne la tête vers la chambre qu'elle vient de quitter, puis elle regarde de mon côté... je tremble qu'elle ne m'aperçoive... mais non; je suis sans lumière et dans un endroit fort obscur. Elle se décide enfin à descendre l'escalier : je cours alors contre ma fenêtre, j'aperçois la petite lanterne traverser rapidement le jardin et disparaître près du pavillon.

C'est donc Eugénie qui habite ce pavillon, qui est toujours fermé avec soin; Ernest et Marguerite le lui ont donné pour qu'elle puisse plus facilement venir voir ses enfans... ainsi, elle est là... près de moi... depuis long-temps, peut-être, et je ne m'en doutais pas. Quel est son but... son espoir?... n'est-ce que pour ses enfans qu'elle s'est cachée là?... mais Ernest et sa femme savent bien que je ne l'empêcherais pas de les voir.

Je voudrais connaître les motifs de la conduite d'Eugénie, les projets de Marguerite et de son mari. Pour cela, ne leur laissons pas deviner que j'ai aperçu le prétendu fantôme : et la nuit prochaine tâchons d'en savoir davantage.

Le temps me paraît bien long jusque là. Dans la journée, j'ai involontairement été plusieurs fois du côté du pavillon...; mais il est fermé comme de coutume; je remarque alors que la porte qui est à côté, et qui donne sur le bois, doit être fort commode pour que l'on entre et que l'on sorte du jardin sans être vu de la maison.

La nuit revient enfin. J'ai embrassé mes enfans, et on les a conduits dans leur chambre. Lorsque je les suppose endormis, je dis bonsoir à mes hôtes, et me retire chez moi en prétextant un violent mal de tête; mais à peine dans ma chambre, j'en ressors doucement sans prendre de lumière, et vais dans celle de mes enfans. La clef est toujours sur la porte; j'entre : et en attendant qu'on vienne, je m'asseois près du lit de ma fille, qui, ainsi que son frère, dort bien paisiblement.

Enfin, quelque temps après que chacun est retiré, j'entends marcher à petits pas. Aussitôt je quitte ma chaise, et vais me cacher derrière les grands rideaux de la croisée; à peine y suis-je qu'on ouvre doucement la porte, et Eugénie entre dans la chambre en tenant sa petite lanterne qu'elle pose avec précaution au pied du berceau de son fils.

Elle rejette son voile sur ses épaules, et s'avançant sur la pointe du pied, elle se penche vers le lit de sa fille qu'elle embrasse sans l'éveiller ; elle en fait autant à son fils, puis elle revient s'asseoir en face des enfans, et pendant long-temps les contemple endormis.

Je n'ose remuer : je respire à peine... mais Eugénie est presque en face de moi, je puis la voir, je puis compter ses soupirs. Elle porte son mouchoir à ses yeux qui se sont remplis de larmes : bientôt j'entends des phrases entrecoupées sortir de sa bouche :

« Pauvres enfans !... que je suis mal-
» heureuse... ! mais je dois me priver de
» vos caresses... vous ne me nommerez

» plus votre mère... et lui... il ne me
» nommera plus jamais son Eugénie !...
» Ah ! que je suis punie !... »

Ses sanglots redoublent, et moi j'ai besoin de tout mon courage pour ne pas voler près d'elle, essuyer ses larmes et la presser sur mon cœur comme autrefois.

Il y a déjà long-temps que nous sommes tous deux dans cette situation. Enfin Eugénie se lève et semble se disposer à dire adieu à ses enfans, lorsque l'on ouvre doucement la porte; un mouvement d'effroi échappe à Eugénie : mais elle se rassure en reconnaissant Marguerite. Celle-ci referme la porte avec précaution, puis vient s'asseoir près d'Eugénie; et alors, quoiqu'elles parlent toujours à demi-voix, je ne perds pas un mot de leur conversation :

« Mon mari travaille, moi je n'avais
» pas envie de dormir: j'ai pensé que je
» vous trouverais ici, et je suis venue
» tout doucement... d'ailleurs, il n'y a
» plus de lumière chez M. Blémont, et
» je crois qu'il dort depuis long-temps...
» Eh bien! toujours des larmes... vous
» vous rendez plus malade... vous n'êtes
» pas raisonnable. — Ah! madame, les
» pleurs, les regrets, tel est désormais
» mon partage... je ne puis plus avoir
» d'autre existence! — Qui sait?... il faut
» encore conserver de l'espérance... si
» votre mari lisait bien dans le fond de
» votre âme, je crois qu'il vous pardon-
» nerait. — Non, madame; car il pense-
» rait toujours à ma faute... rien à ses
» yeux n'en atténuerait les motifs... et
» cependant, quoique je sois bien cou-
» pable, je le suis peut-être moins qu'il

» ne le pense... Vous m'avez compris,
» vous... car les femmes savent se com-
» prendre... Mais un homme ! il ne voit
» que le crime... sans examiner ce qui a
» pu porter une femme à oublier ses
» devoirs... Et pourtant, le ciel m'en est
» témoin, si je l'avais moins aimé je ne
» serais pas devenue coupable. S'il m'en-
» tendait dire cela, il sourirait de pitié,
» de mépris... mais vous... vous savez
» bien que c'est vrai... »

Eugénie pose alors sa tête sur l'épaule de Marguerite, et ses sanglots redoublent. Pendant quelques minutes elles gardent le silence; enfin Eugénie reprend :

« Je sais bien que ma jalousie ne
» m'autorisait pas à devenir coupable...
» mais, mon Dieu ! savais-je ce que je
» faisais !... Je me croyais oubliée, trom-

» pée, trahie par un époux que j'ado-
» rais... Je n'avais plus qu'un désir, celui
» de lui rendre une partie des tourmens
» qu'il me faisait éprouver... Soyez co-
» quette, me disait-on, et vous ramenerez
» votre époux dans vos bras... les hommes
» deviennent bientôt froids pour une
» femme dont personne ne semble dé-
» sirer la possession... Je crus cela... ou
» plutôt je crus que Henri ne m'avait ja-
» mais aimée... et alors je voulus cesser
» de l'aimer aussi. Vous savez, madame,
» combien je fus jalouse de vous... Ce
» bal où vous étiez... où il dansa avec
» vous... ah! ce bal acheva d'égarer ma
» tête... Déjà ma jalousie avait banni la
» paix de notre ménage... Hélas! elle ne
» devait plus y renaître!... Je me jetai
» dans le tourbillon du monde, non
» que j'y fusse heureuse... mais je m'é-

» tourdissais... et j'étais satisfaite de voir
» qu'il en éprouvait de la peine... Fatal
» aveuglement! j'aimais mieux sa colère
» que son indifférence! Une fois coupa-
» ble, je ne puis plus vous dire ce qui
» se passa en moi, je voulais m'abuser
» sur ma faute... je vivais dans un état
» d'étourdissement continuel.... n'osant
» plus réfléchir... m'efforçant sans cesse
» de trouver des torts à Henri, de me
» persuader qu'il m'avait trahie cent
» fois, et malgré cela comprenant que
» j'avais pour jamais détruit mon repos.
» Lorsque mon époux sut la vérité, je
» ne m'abaissai point à chercher par des
» larmes à obtenir mon pardon... Non,
» je voulus encore essayer de m'abuser
» moi-même..... Mon Dieu! que dut-il
» penser de mon cœur en lisant les deux
» lettres que je lui répondis! Une femme

» qui l'aurait détesté n'aurait pu lui
» écrire autrement... Mais, comme si je
» n'étais pas déjà assez coupable, je
» voulais encore lui faire croire que je
» n'avais aucun repentir de ce que j'avais
» fait. Je continuai d'aller dans le monde...
» Il le saura, me disais-je, il croira que
» je suis heureuse sans lui... et cette idée
» me donnait la force de me contrain-
» dre au milieu de la foule et d'affecter
» une gaîté qui était si loin de mon cœur.
» Mais j'avais ignoré son duel et sa ma-
» ladie. Ces deux nouvelles, que j'appris
» presque en même temps, m'ôtèrent la
» faculté de me contraindre davantage...
» il me sembla qu'un bandeau tombait
» de mes yeux. La pensée que j'aurais
» pu causer sa mort m'épouvanta... Dès
» ce moment le monde me devint
» odieux!... j'ai senti tous mes torts;

» votre connaissance, vos discours m'ont
» appris que j'avais injustement soup-
» çonné Henri... qu'il m'aimait lorsque
» je le croyais infidèle... Il m'aimait, et
» c'est par ma faute que j'ai perdu son
» amour! Ah! madame! cette idée est
» cruelle... et vous voulez que je cesse
» de pleurer!

» — Mais pourquoi ne plus vouloir
» que nous lui parlions de vous, que
» nous cherchions à l'attendrir?...—Oh!
» non... c'est impossible... Une autre l'a
» essayé déjà, et vainement, je vous l'ai
» dit... Cette jeune personne, mademoi-
» selle Caroline Derbin, dont il avait, je
» crois, fait la rencontre au Mont-d'Or;
» cette demoiselle..... qui le jugeait gar-
» çon d'abord, apprit, je ne sais comment,
» qu'il était mon époux. Alors, croyant
» que c'était lui qui m'avait abandonnée,

» elle le pria, elle le conjura de revenir à
» moi... J'étais près d'eux sans qu'ils s'en
» doutassent, dans la cour de l'auberge;
» j'entendis toute leur conversation... Il
» eut encore la bonté de se laisser accu-
» ser de torts qu'il n'a pas; il ne chercha
» point à la désabuser sur mon compte.
» Mais comme elle le suppliait de re-
» tourner avec moi, je l'entendis lui ré-
» pondre : *Nous sommes séparés pour
» jamais !*... Ah! ces mots cruels retenti-
» rent au fond de mon cœur, et je ne
» conçois pas comment ils ne m'ont pas
» tuée, quoique déjà j'eusse perdu toute
» espérance d'obtenir mon pardon !...

» — Ce qu'il a répondu alors à made-
» moiselle Derbin, rien ne prouve qu'il
» le pense encore..... Je vous ai dit com-
» bien il était changé avec son fils; ce
» pauvre petit Eugène, qu'il regardait à

» peine dans les commencemens de son
» séjour ici, maintenant il lui témoigne
» autant de tendresse qu'à sa fille...

» — Ah! depuis ma faute, je n'ai
» éprouvé qu'un moment de bonheur;
» c'est en apprenant qu'il ne repoussait
» plus son fils de ses bras!... Pauvre en-
» fant! parce que ta mère fut coupable,
» ton père pouvait toute la vie te traiter
» en étranger... Et pourtant, je le jure,
» j'étais encore sans reproche lorsque
» mon fils vit le jour, et Henri peut sans
» crainte le presser dans ses bras. »

Ce que je viens d'entendre me cause un plaisir si vif que je ne le puis rendre; j'ai besoin de me soutenir après la croisée, car la joie nous ôte aussi nos forces. Heureusement Marguerite reprend la parole; elles n'ont pas entendu le mouvement que je n'ai pu réprimer.

« Ce qui me fait espérer, madame,
» que M. Blémont peut encore vous par-
» donner, c'est le soin qu'il a mis à ca-
» cher votre faute. Tout le monde l'i-
» gnore, lui seul a encouru le blâme.

» — Ah! c'est pour son nom, pour ses
» enfans, qu'il s'est conduit ainsi ; mais
» ne croyez pas pour cela qu'il veuille
» me pardonner. Henri m'aimait trop...
» et j'ai fait son malheur!... Non! je vous
» en supplie encore, ne lui parlez jamais
» de moi..... Qu'il m'oublie..... mais qu'il
» aime ses enfans ; n'est-ce pas tout ce
» que je puis demander?... Grâce à vo-
» tre bonté... à votre pitié pour moi.....
» je puis du moins le voir encore... Ca-
» chée dans ce pavillon que vous m'avez
» donné, une ouverture pratiquée dans

» les volets me permet de voir dans le
» jardin. Henri s'y promène souvent;
» quelquefois j'entends sa voix, je l'a-
» perçois au milieu de ses enfans... alors...
» Ah! madame, quel bonheur et quelle
» peine je ressens!... Entre mes enfans
» et lui... n'avais-je pas une place?.. Et je
» ne puis plus l'occuper...

» — Pauvre Eugénie!... calmez-vous,
» de grâce...—Oh! oui... Il faut que je re-
» tienne mes sanglots, car je ne veux
» pas troubler le repos de mes enfans...
» Je puis les embrasser toutes les nuits...
» c'est ma seule consolation..... Mais ils
» ne m'appellent plus leur mère..... Ah!
» madame, c'est affreux de ne plus s'en-
» tendre nommer ainsi!...

» — Si vous le vouliez, vous viendriez
» les voir..... vous les feriez demander
» près de vous; jamais M. Blémont n'a

» eu l'intention de vous priver de leurs
» caresses.

» — Non ! je n'en suis plus digne... Et
» d'ailleurs ils grandiront... Que répon-
» dre à des enfans qui vous demandent
» pourquoi vous ne revenez pas avec
» leur père ?..... Il vaut mieux qu'ils ne
» me voient plus... qu'ils oublient leur
» mère ! »

Après un nouvel intervalle qui n'est rempli que par les sourds gémissemens d'Eugénie, elle reprend : « Hélas ! un
» autre tourment me déchire encore.....
» Vous l'avez deviné... vous qui lisez si
» bien dans mon cœur... vous si bonne
» pour moi !..... et que j'ai méconnue.....
» accusée si long-temps !...

» — Taisez-vous, » dit Marguerite en embrassant Eugénie ; « ne vous ai-je pas
» défendu de me reparler de cela ? Mais

» j'ai de bonnes nouvelles à vous ap-
» prendre encore : M. Blémont, depuis
» quelques jours, va beaucoup moins
» chez mademoiselle Derbin; il y passe
» bien moins de temps...

» — Il y va moins?... il se pourrait?...
» Ah! madame, je n'ai plus le droit d'ê-
» tre jalouse, je le sais; je n'ai plus au-
» cun droit sur son cœur... et cependant
» je ne puis me faire à l'idée qu'il en
» aime une autre... Et cette Caroline est
» si jolie!... et puis elle l'aime, je n'en
» saurais douter!

» —Qui vous le fait présumer?—Oh!
» vous savez bien que les femmes ne s'y
» trompent pas! Je m'en aperçus au
» Mont-d'Or; j'en eus la certitude lors-
» que, le soir de son départ, j'entendis
» leur conversation. Elle le suppliait, il
» est vrai, de retourner avec moi; mais

» sa voix était tremblante, elle avait
» peine à retenir ses larmes... Enfin elle
» lui parlait comme on parle à quelqu'un
» que l'on aime, alors même que l'on
» veut feindre de le haïr... Pauvre Caro-
» line!... elle l'avait cru libre, garçon.....
» Elle s'était sans crainte abandonnée au
» plaisir de l'aimer.

» — Oui; mais maintenant qu'elle sait
» fort bien qu'il est marié, et qu'elle
» croit surtout que c'est lui qui vous a
» abandonnée, pourquoi est-elle venue
» avec son oncle s'établir à Saint-Mandé,
» à deux pas de nous? pourquoi engager
» M. Blémont à aller la voir? Est-ce ainsi
» qu'on se conduit avec un homme que
» l'on ne veut plus aimer, qu'on cher-
» che à oublier? Ah! je vous avoue que
» cela ne m'a pas donné une très-bonne
» opinion de cette demoiselle; et plu-

» sieurs fois M. Blémont a pu s'aperce-
» voir que, sans la connaître, je ne l'ai-
» mais pas.

» — Que voulez-vous ?... elle l'aime
» toujours..... Elle a voulu le revoir.....
» Mais si du moins il pouvait ne pas l'ai-
» mer !... Depuis que je le vois chaque
» jour, depuis que grâce à vous j'habite
» si près de lui..... je me fais encore
» illusion, je crois quelquefois régner
» encore sur son cœur..... Ah ! cette er-
» reur est de bien courte durée..... et le
» réveil est bien cruel !... Non, je ne suis
» plus qu'une étrangère..... Je ne puis
» plus reconquérir la place que j'occu-
» pais dans son cœur... D'autres doivent
» avoir son amour.

» — Pourquoi nous défendre de lui
» parler quelquefois de vous ?... — Oh !
» jamais.... jamais, je vous en supplie....

»mes enfans lui parlent de moi.... je les
»entends souvent lui demander leur
»mère.... s'il est sourd à leur voix, pen-
»sez-vous donc qu'il cède à la vôtre ?....
»Attendez que lui-même.... mais il ne
»demandera jamais ce que je suis deve-
»nue !....

» — Et moi je ne puis croire qu'il vous
»ait entièrement oubliée... Mais il est
»bien tard... rentrez... il est temps de
»vous reposer. »

Marguerite va prendre la lumière, Eugénie va encore regarder et embrasser ses enfans; mais madame Ernest l'entraîne, et toutes deux sortent de la chambre dont elles referment la porte avec précaution.

J'écoute quelques instans le bruit de leurs pas dans le corridor; enfin je n'entends plus rien. Alors je quitte ma cachette ; j'embrasse aussi mes enfans, mais c'est avec un plus vif plaisir que de coutume ; et après avoir pris les mêmes précautions pour ne pas faire de bruit, je retourne dans ma chambre. La conversation que je viens d'entendre est gravée dans ma mémoire, et déjà ma résolution est prise, mon plan de conduite arrêté.

CHAPITRE VII ET DERNIER.

ENCORE LUCILE.

Le lendemain de cette nuit, qui doit changer ma destinée, j'écris à Pétermam de venir me trouver pour des commissions dont je veux le charger. Mon fidèle Allemand ne tarde pas à arriver à Saint-Mandé ; mais je lui trouve l'air embarrassé et il s'arrête devant moi en gardant le silence.

« Voyons, Pétermann : qu'y a-t-il de

» nouveau?.... je devine que vous avez
» quelque chose à m'apprendre.... pour-
» quoi ne parlez vous pas?—Oui, mon-
» sieur, oui.... j'ai quelque chose à vous
» dire.... et je ne sais comment vous
» tourner cela.... — Expliquez-vous
» donc. — C'est que j'ai peur d'avoir
» l'air d'un imbécile... quand on a dit
» une chose et puis qu'on en fait une
» autre... Ma foi, prout!... au fait, tant
» pis!... monsieur sait bien que les hom-
» mes ne sont pas des phénix!... Voilà
» le fait... Monsieur sait que je suis ma-
» rié... — Oui. — Et que j'ai quitté ma
» femme parce que nous n'étions plus
» d'accord... Elle me battait et ne vou-
» lait pas que je boive... moi je voulais
» boire et ne pas être battu... — Enfin,
» Pétermann? — Eh bien! monsieur, il
» y a quelques jours j'ai rencontré ma

» femme... elle m'a parlé... elle a fait un
» air doucereux... bref, nous nous som-
» mes attendris... elle m'a demandé si je
» me grisais toujours : je lui ai répondu
» que cela ne m'arrivait plus qu'une fois
» par mois; elle a dit : Pour une fois
» par mois, on ne peut pas s'en forma-
» liser... Enfin, monsieur... tenez... j'ai
» promis de reprendre ma femme... Mais
» ce qui me chagrine, c'est qu'alors il
» me faudra vous quitter... et je crains
» aussi que monsieur ne soit fâché
» contre moi.

» — Non, Pétermann, non; reprenez
» votre femme... bien loin de vous faire
» des reproches, j'approuve votre réso-
» lution. Que fait votre femme à présent?
» —Elle est portière, monsieur, dans une
» belle maison à dix pas de celle où nous
» demeurons. —Eh bien!... il est encore

» possible que vous me restiez attaché...—
» Ah! mille prout !.. comme ça m'irait !—
» Y a-t-il un bel appartement à louer dans
» la maison de votre femme? — Deux
» superbes, fraîchement décorés... un au
» second, un autre au troisième avec bû-
» cher et cave, orné de glaces... Je sais
» déjà tout ce qu'il y a dans la maison.—
» Louez pour moi le logement du se-
» cond... Est-il libre maintenant?— Oui,
» monsieur. — Vous ferez transporter
» mes meubles. Vous irez chez mon ta-
» pissier... Voici son adresse. Il ira voir
» le nouvel appartement, et y fera tout ce
» qu'il jugera nécessaire pour que rien
» n'y manque... il faut que tout soit fini
» et disposé à nous recevoir dans quatre
» jours au plus tard; car alors... je vais
» vous faire une confidence, Pétermann...
» alors je reprends aussi ma femme. —

»Votre femme!... Comment! monsieur
» est marié!...; — Oui, mon ami; et, ainsi
» que vous, je n'ai pas toujours été d'ac-
» cord avec ma femme... quoique les mo-
» tifs ne se ressemblent pas. — Oh! je le
» pense bien. — Mais aujourd'hui je re-
» connais mes torts, et j'espère encore
» retrouver le bonheur auprès de ma
» femme et de mes enfans. — Ma foi!
» monsieur, ça me fait plaisir d'apppren-
» dre cela... Puisque monsieur fait comme
» moi, ça me tranquillise, et je pourrai
» toujours être au service de monsieur.
» — Oui, mon ami. Vous m'avez bien
» compris? dans quatre jours que tout
» soit prêt!... — Ça le sera. — Mais, jus-
» que là, pas un mot!... point d'indis-
» crétion! — C'est mort! »

Pétermann est reparti pour Paris. Je
me sens plus content, plus satisfait, et

pourtant (je puis bien me l'avouer à moi-même) je n'ai plus d'amour pour Eugénie... non... Mais c'est peut-être parce que je n'ai plus d'amour pour elle qu'il m'est possible à présent de retourner avec ma femme. Je vois en elle la mère de mes enfans, et je ne veux pas la condamner à des larmes éternelles. Nous ne serons plus ensemble comme autrefois, c'est impossible !.... j'aurai pour elle des égards, de l'amitié : le temps fera le reste... Il faudra que je cesse entièrement de voir Caroline. Ah! ce n'est pas là le moindre sacrifice que j'aurai fait à mes enfans! Mais, puisque tout est décidé, puisque ma résolution est invariable, j'irai la voir demain pour la dernière fois; je lui apprendrai que je retourne avec ma femme... Elle croira que je cède à ses conseils... à ses prières... je ne la détromperai pas. Je retourne au salon, où tout le monde est rassemblé. Je veux m'étourdir, je veux être gai; je joue avec les enfans, j'embrasse madame Ernest, je ris avec son mari.

« — Qu'a-t-il donc aujourd'hui? » se disent Ernest et sa femme. « Comme il a
» l'air content ! — Je le suis en effet.
» — Qu'avez-vous qui vous rende si
» gai? — J'ai... reçu des nouvelles qui
» m'ont fait plaisir. — De qui? — Ah!...
» vous le saurez plus tard. »

Le mari et la femme se regardent; mais je ne crois pas qu'ils me devinent, et je reprends aussitôt : «— Que fait-on
» aujourd'hui? je serais très-disposé à
» m'amuser. — Mais nous pouvons aller
» au bal, » me dit Ernest. « C'est aujour-
» d'hui le dernier bal de Saint-Mandé;

» on dit qu'il serait brillant. — Je n'y
» ai pas encore été depuis que je suis ici ;
» je ne serai pas fâché de le voir. Nous
» irons... Est-ce convenu ? — Oh ! moi,
» je ne vais pas au bal, » dit Marguerite ; « cela ne m'amuse pas ; j'aime
» mieux rester avec les enfans... Vous
» irez tous les deux. Mais surtout ne
» parlez pas à des femmes... car il y a
» de tout dans ces bals des environs de
» Paris ! »

Nous promettons d'être sages, et aussitôt après le dîner, nous nous dirigeons, Ernest et moi, vers l'endroit où se tient le bal du pays. Comme le temps a été superbe, il y a, outre les habitans de Saint-Mandé et de Vincennes, beaucoup de gens de Paris qui ont voulu jouir encore d'un bal champêtre. De nombreux équipages stationnent aux alentours.

«Diable!.mais ce sera superbe,»me dit Ernest. « Je parie que nous allons trou-
» ver là plus d'une dame de théâtre... les
» princesses de coulisses aiment beaucoup
» les bals champêtres. — Vous savez que
» vous avez promis à votre femme d'être
» sage?... — Eh! mon ami! on promet
» toujours! on tient si l'on peut!..Venez,
» mon cher Blémont : la musique se fait
» entendre... »

En effet, on danse déjà. Il y a foule : de jolies toilettes, quelques paysannes, peu de bourgeoises, mais beaucoup de femmes entretenues. C'est comme dans tous les bals champêtres.

Nous n'avons pas fait dix pas que je m'entends appeler; je me retourne, et j'aperçois Bélan, tenant sous son bras sa femme et sa belle-mère, et paraissant tout fier de promener sa superbe Armide.

Il me fait un gracieux salut; puis, après avoir trouvé des chaises pour ses dames, vient à moi, et m'entraîne du côté opposé à la danse.

«Eh bien! mon cher Blémont... vous le
» voyez... tout est arrangé, je suis rentré
» au bercail... j'étais une brebis égarée...
» comme dit ma belle-mère : mais tout
» est oublié, je me suis remis avec ma
» femme. — C'est ce que j'ai présumé en
» vous voyant tout à l'heure. Mais je
» vous avoue que cela m'a un peu surpris.
» Après avoir été en justice, après avoir
» fait mettre votre nom dans les gazettes...
» — Qu'est-ce que ça fait, tout cela!...
» qu'est-ce que ça prouve, les gazettes?..
» D'ailleurs, puisque le tribunal a jugé
».que j'avais tort, que je n'étais pas cocu,
» je ne dois pas en savoir plus que mes
» juges.— Il me semble qu'au Mont-d'Or

» vous teniez un autre langage : vous
» vouliez en appeler du jugement rendu
» contre vous.

» —Vous croyez que j'ai dit ça?... c'est
» possible... C'est qu'alors j'étais exalté...
» la colère, la jalousie.... on dit des bê-
» tises... Aujourd'hui je raisonne. A mon
» retour du Mont-d'Or, les parens sont
» venus me trouver; il m'ont dit qu'Ar-
» mide était disposée à me pardonner.
» Là dessus j'ai dit : Oublions nos dis-
» cussions. Tous mes amis me disent que
» j'ai bien fait de reprendre ma femme.
» — Je suis loin de vous en blâmer...
» mais, à votre place, j'aurais fait moins
» de bruit. — Moi, j'aime assez à faire du
» bruit... à faire parler de moi... Dès que
» je vais dans le monde à présent, j'en-
» tends qu'on chuchote en me regardant,
» et qu'on se dit : C'est M. Ferdinand

» Bélan... comme on se dirait: C'est Vol-
» taire... ou, le grand Frédéric ; je vous
» avoue que cela ne me déplaît pas
» du tout. Mais au revoir, mon cher
» ami ; ces dames m'attendent, et je suis
» bien aise de faire danser Armide. »

Je n'ai nulle envie de retenir Bélan. Quel singulier homme!.. Singulier pastant... il s'en rencontre assez souvent de ce caractère. Mais sa société ne me plaît pas du tout. Il m'a fait quitter Ernest, tâchons de le retrouver.

Je me rapproche de la danse. Ernest y figure avec une dame de Saint-Mandé. Comme je ne veux pas danser, je cherche une place et une chaise, lorsque mes yeux rencontrent ceux d'une personne qui me fait signe de venir près d'elle. C'est Caroline qui est assise là avec son oncle et qui m'offre une place à ses côtés.

J'hésite... car il me faudra bientôt cesser de jouir de sa présence... mais une fois encore... ce sera la dernière avant de lui dire adieu. Refuser en ce moment serait malhonnête. Je m'avance donc et vais m'asseoir à côté d'elle.

« Vous avez été long à vous décider, » me dit elle en souriant : « ici pourtant
» nous ne sommes pas en tête-à-tête... »

Je ne réponds rien, je crains même de la regarder; car je trouve ses yeux bien plus dangereux depuis que la coquetterie ne les anime plus. Heureusement, son oncle met fin à mon embarras.

« — Vous ne dansez pas, monsieur
» Dalbreuse? — Non, monsieur; je n'aime
» plus la danse. — Moi, je l'ai beaucoup
» aimée... j'ai même été un assez beau
» danseur... Je me rappelle que, dans
» *Amphitryon*, quand je faisais Sosie...

» Joli rôle que celui de Sosie !... Dugazon
» me l'avait fait répéter avec beaucoup de
» soin... Vous savez qu'il y a la fameuse
» scène de la lanterne... Dugazon sautait
» par dessus la lanterne en faisant des
» bouffonneries, des cabrioles; moi, je
» voulus faire autre chose. Je plaçais la
» lanterne... tenez comme cette chaise...
» à cette distance... je m'élançais alors
» en faisant une pirouette, et je passais
» un très-joli entrechat en tombant de
» l'autre côté... C'était fort difficile...
» Tenez... je vais coucher la chaise pour
» mieux vous montrer...

» — Comment, mon oncle ! est-ce que
» vous aller sauter par dessus les chaises
» maintenant ? — Non, ma nièce, non, je
» ne veux pas sauter; mais j'explique à
» M. Dalbreuse ce que je faisais dans
» Sosie... et je me flatte que jamais ac-

» teur des Français n'a sauté plus haut
» que moi. »

Heureusement pour M. Roquencourt
qu'un de ses voisins de Saint-Mandé,
vient, en lui souhaitant le bonsoir, se
placer sur la chaise qu'il voulait prendre. Cela dispense M. Roquencourt de
me faire voir comme il sautait, et il entame la conversation avec le nouveau
venu.

« Vous ne dansez pas ? » dis-je à Caroline. « — Oh ! non... Ici je ne voudrais
» danser qu'avec une personne de con-
» naissance..... Mais d'ailleurs je suis
» comme vous, je n'aime plus la danse.
» Cet hiver je ne veux plus aller au bal...
» ni dans le monde. Tout ce qui me plai-
» sait tant m'ennuie à présent !... je res-
» terai chez moi... seule... avec mes pen-
» sées... Pouvoir penser tout à son aise...

» ah ! c'est quelquefois un si grand plai-
» sir !... »

Elle me regarde, puis tous deux nous baissons les yeux et retombons dans le silence. Pendant ce temps, M. Roquencourt se dispute presque avec son voisin.

« Je vous certifie, monsieur, que ja-
» mais Dugazon n'a fait le marquis de
» Moncade de l'*École des Bourgeois!* —
» Pardonnez-moi, je l'y ai vu. — Vous
» vous trompez ; c'était Fleury. — Non ;
» c'était Dugazon. — Mais c'est impos-
» sible, ce n'était pas son genre. C'est
» comme si vous disiez que vous m'avez
» vu jouer *Hamlet* ou *OEdipe ;* c'est ab-
» solument la même chose. — Je ne sais
» pas ce que vous avez joué, mais j'ai
» vu Dugazon faire le marquis de Mon-

» cade... — Oh! il y aurait de quoi sau-
» ter au plafond. »

Et comme le petit oncle ne peut pas sauter au plafond, vu que nous sommes sous des arbres, il se contente de se rejeter en arrière avec sa chaise, ce qui me fait craindre qu'il ne veuille encore faire Sosie.

Nous ne pouvons nous empêcher de sourire, Caroline et moi. Cela dissipe un moment nos pensées. Tout à coup mademoiselle Derbin, qui a de nouveau regardé la danse, dit à son oncle :

« Ah! voyez donc ma racommodeuse de
» dentelles.... comme elle est parée!... Elle
» n'a pas mauvaise tournure; on croirait
» vraiment que c'est une femme comme
» il faut... Tenez, M. Dalbreuse! c'est
» cette femme en chapeau lilas... »

Je regarde la personne qu'on m'indique... je reste terrifié comme si je venais d'apercevoir un serpent. C'est Lucile qu'on m'a montrée... Lucile que je n'avais pas vue depuis le jour fatal. Il me semble que sa présence renouvelle tous les tourmens que j'ai éprouvés alors. Je ne puis dire quel mal elle me fait.

Il faut que mes traits expriment bien ce que je ressens, car Caroline me dit aussitôt : « Mon Dieu!... Qu'avez-vous » donc?... Vous connaissez cette femme » assurément... — Oui... je... C'est-à-dire » autrefois... mais plus maintenant... — » Que vous a-t-elle donc fait pour que » sa vue vous trouble à ce point?—Rien... » mais je ne sais pourquoi, en la regar- » dant... je me suis rappelé... On ne sait » pas quelquefois ce qu'on éprouve. »

En ce moment la contredanse finit. Lucile et son danseur viennent de notre côté. Grand Dieu! elle s'asseoit à quelques pas de moi, elle m'aperçoit, elle me regarde fixement... Je ne puis supporter la présence, les regards de cette femme. Je me lève brusquement, je passe à travers tout le monde, je m'éloigne du bal et ne m'arrête que dans un endroit où il n'y a plus personne.

Je ne pourrai donc jamais être heureux, jamais perdre le souvenir de mes chagrins. Lorsque je suis décidé à pardonner à Eugénie, à rendre une mère à mes enfans, il faut que la vue de cette Lucile vienne me rappeler tout ce que je voulais oublier. Comme elle me regardait!... Elle jouissait du tourment, de la honte que me causait sa présence... La méchanceté brillait dans ses yeux.....
Ah! j'espérais ne plus revoir Lucile!..

Je me jette sur le gazon. Je tâche de

me calmer. Après tout, la rencontre de cette femme ne changera rien au parti que j'ai pris. Je saurai à l'avenir être plus maître de moi... mais je ferai cent lieues, s'il le faut, pour éviter la rencontre de Lucile.

Je reste près d'une demi-heure à cette place. Enfin je suis plus calme, je me lève, mais je ne sais si je veux retourner au bal. Ernest m'y attend sans doute. Je fais quelques pas, puis je m'arrête, car je ne voudrais plus voir Lucile. Pendant que je suis indécis, une femme vient du côté de la danse. Elle marche presqu'en courant vers moi. J'attends avec inquiétude... Ah! c'est Caroline.

Elle me rejoint et s'appuie sur mon bras en me disant : « Je vous retrouve » enfin... Je vous cherchais de tous cô- » tés... Ah! que je suis contente!... Mais

» venez... allons dans le bois, que je
» puisse enfin vous parler. J'ai tant de
» choses à vous dire... J'ai dit à mon on-
» cle qu'il ne soit pas inquiet, que vous
» me rameneriez... »

J'écoute Caroline avec surprise; il semble qu'il se soit passé en elle quelque chose d'extraordinaire... elle n'est plus telle que je l'ai quittée il y a peu de temps. Elle a pris mon bras, elle le serre doucement; elle paraît vivement agitée, mais on dirait que c'est de plaisir.

Cependant nous entrons dans le bois, et Caroline me dit en me regardant tendrement : « Mon ami, je dois vous sem-
» bler bien folle, bien inconséquente...
» mais vous ignorez encore tout ce que
» je viens d'éprouver! depuis quelques
» instans mon sort, mon avenir est
» changé... A présent, je puis être heu-

» reuse... Je vous aimais... vous le savez
» bien... je n'avais pu vous cacher les
» sentimens que j'avais pour vous. Sans
» nous l'être dit, nous nous étions en-
» tendus, mais cet amour était un
» crime... je le croyais du moins... je me
» le reprochais... je voulais vous fuir,
» vous oublier... Ah! mon Dieu, que
» j'étais malheureuse!... A présent je sais
» toute la vérité... je sais que je puis vous
» aimer...

» — Comment ?..... Que voulez-vous
» dire?... — Que je sais tout... Ah! par-
» donnez-moi d'avoir questionné cette
» femme... mais je ne pouvais résister à ma
» curiosité. Votre trouble à sa vue était si
» extraordinaire. — Cette femme... Vous
» avez parlé à Lucile? — Oui, et je sais
» maintenant que, loin d'être coupable
» envers votre épouse, c'est elle qui

» vous a indignement trompé... — Ah!
» taisez-vous... taisez-vous. — Jamais, je
» vous le jure, je ne vous rappellerai
» une chose qui vous a tant affligé. Ah!
» maintenant je comprends bien que
» vous ne vous remettrez pas avec elle...
» je conçois pourquoi vous la fuyez. Je
» vous accusais... Je me croyais un ob-
» stacle à votre réconciliation, et c'est
» pour cela que je voulais vous fuir.
» Mais puisqu'il en est ainsi, pourquoi
» me condamnerais-je à un chagrin éter-
» nel?... Pourquoi donc ne me livrerais-
» je pas au sentiment que vous m'avez
» inspiré?...

» — Caroline! que dites-vous? Si en
» effet mon épouse fut coupable,... en
» suis-je plus libre de disposer de moi?...

» — Libre... non; je sais bien que je
» ne puis pas être votre femme, mais

» que m'importe ce titre ? c'est votre
» amour seul que je veux ; vous savez
» que je m'inquiète peu du monde, des
» convenances... Je suis ma maîtresse,
» moi : pourquoi donc n'oserais-je pas
» vous aimer ? Parce que vous êtes en-
» chaîné à quelqu'un qui a fait votre mal-
» heur, il faudrait que votre vie entière
» s'écoulât dans l'amertume et l'aban-
» don !.. Ah ! je veux au contraire, à force
» d'amour, vous faire oublier vos cha-
» grins d'autrefois... Il me sera si doux
» d'être votre seule, votre unique amie...
» d'avoir toutes vos pensées, tous vos
» instans... Mais vous ne me répondez
» pas... Mon Dieu ! me serais-je abusée...
» Est-ce que vous ne m'aimeriez pas ?...
» Oh ! alors tout serait fini pour moi, et
» je n'aurais plus qu'à mourir !... Henri !..
» Henri !.... Il ne me répond pas !... »

Elle a posé sa tête sur ma poitrine. Je ne puis dire tout ce qui se passe en moi. Comment fuir !... comment repousser une femme que l'on aime !... Je n'en ai pas la force. J'ai soutenu cette tête charmante... En voulant la consoler, ma figure se trouve contre la sienne... Nos joues sont brûlantes, nos lèvres se rencontrent... Nous oublions tout l'univers, nous n'existons plus que pour nous deux.

Je ne sais combien de temps nous sommes restés là, sur ce gazon témoin de notre délire. Je suis heureux ; et pourtant quelque chose m'oppresse, m'attriste... Je crains de réfléchir. Caroline a enlacé ses bras autour de mon cou. Elle est toute à son amour. Je regarde autour de moi. J'écoute..... On n'entend plus aucun bruit. « Il est bien tard... Je

» crois, » dit Caroline, « qu'il faut ren-
» trer... Tu vas me reconduire ; n'est-ce
» pas, mon ami ? — Sans doute. — Où
» sommes-nous, ici ? — Je ne sais... Pour-
» tant... On dirait que nous ne sommes
» pas loin du jardin d'Ernest... Oui... là
» bas, ce mur... — En effet, je crois voir
» un pavillon aussi... — Un pavillon ! ah !
» éloignons-nous bien vite. — Tu vien-
» dras demain ; n'est-ce pas, mon ami ?...
» D'ailleurs, je te verrai tous les jours, à
» présent ? — Oui... demain... je te ver-
» rai... je te parlerai... — Comme tu me
» dis cela d'une façon singulière !.. Qu'as-
» tu donc ? — Rien... Mais, viens.....
» Éloignons-nous d'ici... »

Caroline passe son bras autour de moi. Ma main soutient sa taille, et nous nous éloignons ainsi du lieu témoin de nos sermens. Il fait sombre. Nous n'avons

pas fait dix pas que quelque chose arrête nos pieds. Caroline se penche, et pousse un cri d'effroi en disant : « Oh !
» mon Dieu! mon ami, c'est une femme!..
» — Une femme!... »

Un frisson me saisit; j'ose à peine baisser les yeux pour examiner celle qui est étendue devant nous.

« On dirait qu'elle est morte! » s'écrie Caroline. « — Morte..... Ah! si c'é-
» tait... »

Je me jette à genoux, je soulève la tête de cette infortunée, j'écarte le feuillage qui nous cache la clarté des cieux... Un gémissement sourd m'échappe... Je reste moi-même anéanti..... C'est Eugénie, c'est ma femme qui est sans mouvement devant moi.

Caroline m'a entendu murmurer le nom d'Eugénie, elle reconnaît aussi l'infortunée; alors elle tombe à genoux, près d'elle, et s'abandonne au désespoir, car elle devine bien que c'est elle qui vient de causer sa mort. Moi, je ne puis plus ni parler ni agir. Je suis muet, glacé devant ce spectacle affreux.

Tout à coup Caroline s'écrie : « Ah ! » son cœur bat encore..... Elle n'est pas » morte !... »

Ces mots m'ont ranimé. Je me baisse, je prends Eugénie dans mes bras. Caroline écarte le feuillage... Mais où trouver du secours aussi tard ?... L'endroit le plus proche est le jardin d'Ernest. Je me dirige vers la petite porte... Elle est ouverte ; nous entrons. Une lumière éclaire l'intérieur du pavillon, dont la porte est restée ouverte aussi... On voit que l'on est sorti à la hâte de ces lieux. Nous entrons dans le pavillon. Je dépose Eugénie sur un lit. Caroline cherche partout ; elle m'apporte de l'eau, des sels, puis elle sort et court vers la maison pour appeler du monde.

Je suis resté seul près d'Eugénie ; j'inonde d'eau son front, ses tempes, tandis que mes mains cherchent à réchauffer ses mains glacées... Enfin elle fait un mouvement... Elle ouvre les yeux : elle me reconnaît... et prenant ma main, elle la porte à sa bouche en murmurant : « Ah ! je serai donc heureuse encore une
» fois... Tu es auprès de moi... — Eugé-
» nie, reviens à la vie... au bonheur.....
» Je t'avais pardonné... Je voulais ren-
» dre une mère à ses enfans. — Il se
» pourrait ?..... Mais non... il vaut mieux
» que je meure... Tu en aimes une au-
» tre... Je vous ai entendus... J'étais ici...
» Ta voix est parvenue jusqu'à moi... Je
» suis sortie à la hâte... et je t'ai vu dans
» ses bras... Cela m'a tuée... Et pourtant
» je méritais cette punition... Ah ! puisse

» Caroline te rendre plus heureux que
» je ne l'ai fait!... Dis-moi encore que tu
» me pardonnes..... que tu aimeras ton
» fils...

» — Eugénie!... Mon Dieu!... elle va
» perdre connaissance... Et personne ne
» vient!... »

Ernest et Marguerite entrent précipitamment dans le pavillon. Ils courent au lit. Eugénie entr'ouvre encore les yeux, elle me tend la main, en murmurant : « Je n'ai pas vu mes enfans..... »

Marguerite fait un mouvement pour sortir; Eugénie lui fait signe d'arrêter en balbutiant : « Non... ils dorment... Ne les » éveillez pas!... »

Puis elle s'endort aussi, mais pour ne plus s'éveiller.

FIN.

TABLE

DES CHAPITRES CONTENUS DANS CE VOLUME.

Chapitre Ier. Le Mont-d'Or. 1
Chapitre II. La Gazette des Tribunaux. . . 47
Chapitre III. Un bavard. 84
Chapitre IV. Les enfans. 126
Chapitre V. Le marieur. 161
Chapitre VI. Le fantôme 214
Chapitre VII. Encore Lucile. 247

FIN DE LA TABLE.

www.ingramcontent.com/pod-product-compliance
Lightning Source LLC
Chambersburg PA
CBHW050652170426
43200CB00008B/1257